23937.

BIBLIOTHÈQUE
UNIVERSELLE
DES DAMES.
Première Classe:
VOYAGES.

Il paroît tous les mois deux Volumes de cette Bibliothèque. On les délivre soit brochés, soit reliés en veau fauve ou écaillé, & dorés sur tranche, ainsi qu'avec ou sans le nom de chaque Souscripteur imprimé au frontispice de chaque volume.

La souscription pour les 24 vol. reliés est de 72 liv., & de 54 liv. pour les volumes brochés.

Les Souscripteurs de Province, auxquels on ne peut les envoyer par la poste que brochés, payeront de plus 7 liv. 4 s. à cause des frais de poste.

Il faut s'adresser à M. CUCHET, Libraire, rue & hôtel Serpente, à Paris.

BIBLIOTHEQUE

UNIVERSELLE

DES DAMES.

VOYAGES.

TOME SIXIÈME.

A. PARIS,

Rue et Hôtel Serpente.

Avec Approbation & Privilège du Roi.

1787.

BIBLIOTHEQUE
UNIVERSELLE
DES DAMES.
VOYAGES.
LETTRE XXXVII.

De Cacho, capitale du Tonquin,
le 15 Janvier 1782.

J'APPRIS, Madame, deux jours après la date de ma dernière lettre, qu'un vaisseau hollandais alloit mettre à la voile pour le Tonquin; je me rendis aussi-tôt à Canton, où je fus favorablement accueilli par le Capitaine. Après une courte traversée, nous avons remonté le *Song-Koi*, que les Tonquinois appellent la grande rivière, dont la source est dans l'empire de la Chine, & qui, après un très-long cours, arrose Cacho, & se jette dans la baie de *Hainan* par huit ou neuf embouchures, qui, la plûpart, reçoivent des vaisseaux de médiocre grandeur. Je suis entré par le canal qu'on nomme ici *Rokbo*. Cette dernière partie de ma route n'a rien offert de curieux à mes regards. J'ai vu seulement sur les deux rives un pays délicieux, une nature riante & des sites sans cesse variés.

Il est un deuxième canal qu'on appelle *Doméa*, & qui, vers son embouchure, a environ deux milles de largeur. C'est par celui-ci, plus large & plus profond, qu'arrivent les vaisseaux d'Europe; à la vérité, ils ne peuvent y entrer que par un tems calme & à la faveur du flux; encore même le fond est-il si sabloneux & si mauvais, qu'on est obligé de se faire conduire par un pilote du pays. Après avoir fait environ trente lieues sur ce dernier bras du *Song Koi*, on aborde une ville nommée *Doméa*, qui a donné son nom au canal. C'est la première ville qui s'offre aux étrangers de ce côté-à. Elle est bâtie sur la rive droite du fleuve. Les Hollandais ont coutume de jeter l'ancre dans son port.

Les Anglais mouillent un peu plus loin, dans un lieu où le courant est moins rapide. Dès que les Habitans de *Doméa* & des villages voisins voient arriver un bâtiment d'Europe, ils construisent à la hâte plusieurs cabanes qu'ils louent aux passagers. Ces cabanes sont pourvues de toutes les commodités nécessaires; & si j'en crois un Anglais qui m'a dit avoir fait cette route, les Tonquinois y laissent leurs femmes pour servir les étrangers, & même pour contribuer à leurs plaisirs, moyennant une certaine rétribution qui console ces maris commodes d'un veuvage de quelques mois.

Cacho, situé à quarante lieues

de la mer, & vers le 21ᵉ degré de latitude nord, est presque la seule ville du Tonquin qui mérite quelque considération. On peut la placer au rang des plus fameuses cités de l'Asie, soit pour son étendue, soit pour le nombre de ses habitans. Le concours du peuple y est si prodigieux, sur-tout le premier & le quinzième jour du mois, qui sont les jours de marché ou de grand Bazar, que les rues, quoique fort larges, peuvent à peine contenir la multitude des passans. C'est avancer beaucoup que d'y faire cent pas en une demi-heure; il est vrai que les habitans des villages voisins, qui ces jours-là apportent leurs denrées à Cacho, contribuent beaucoup à cette affluence extraordinaire : du reste, il règne beaucoup d'ordre dans ces marchés. Chaque marchandise se vend dans des halles particulières, qui appartiennent à différens villages, dont les habitans ont seuls le droit d'y étaler leurs denrées.

Les maisons de Cacho n'ont rien de remarquable, si l'on en excepte le palais du Roi, édifice très-vaste, situé au centre de la ville & environné d'une bonne muraille. Son enceinte renferme un grand nombre de bâtimens à deux étages, dont les portes & la façade ont quelque chose de grand & de majestueux. Les appartemens du Monarque & ceux de ses femmes font superbement décorés. L'or & le vernis y éclatent de toutes parts. Dans la première cour on voit de vastes écuries pour les chevaux & pour les éléphans du Prince. Le palais est terminé par de magnifiques jardins.

Toutes les maisons des particuliers sont bâties de bois & de terre. La plûpart n'ont qu'un étage. Il n'y a que les comptoirs étrangers qui soient construits de brique. Ces derniers bâtimens, quoique tous d'une architecture très-commune, ne laissent pas de figurer avec avantage parmi un si grand nombre de chaumières. L'arsenal, qui est assez bien fourni d'artillerie & d'autres munitions de guerre, se fait distinguer par la noblesse de sa structure.

On voit à Cacho les restes d'un vieux palais de marbre, qui, à en juger par ses ruines, doit avoir été un des plus superbes édifices de l'Orient. On prétend qu'il fut construit par *Li-bal-Vie*. Sa circonférence embrassoit, dit-on, six ou sept lieues. Ce palais a été presqu'entièrement détruit pendant les guerres civiles ; on y remarque encore quelques cours pavées de marbre, & quelques débris d'arcades & de portiques.

Tels sont à-peu-près, Madame, les détails que m'offre cette ville. Demain je pars pour parcourir les provinces. J'espère que cette petite course donnera lieu à de nouvelles observations, & prêtera un intérêt plus vif à la première lettre que vous recevrez.

LETTRE XXXVIII.

De Cacho, le 15 Février 1782.

J'AI visité, Madame, les huit contrées ou provinces de cet empire, qui, par sa situation sous le tropique, devroit respirer un air sujet à de grandes révolutions ; on n'y distingue cependant que deux saisons, l'une sèche & l'autre pluvieuse. La première est la plus agréable : elle dure depuis le mois de Septembre jusqu'au mois de Mars. Pendant ce tems, le vent du nord souffle sans interruption, & alors le climat est sain & tempéré ; néanmoins les mois de Janvier & Février (& c'est ce que j'éprouve) sont souvent très-froids, quoiqu'on ne voie jamais ni de neige, ni de glace. La saison pluvieuse commence au mois d'Avril, & finit avec le mois d'Août. Alors le vent du sud se fait continuellement sentir. Les trois premiers mois de cette saison sont très-mal sains, soit à cause des pluies excessives qui tombent & qui sont accompagnées d'un brouillard épais, soit parce que le soleil arrive alors à son zénith. Dans le cours de Juin, de Juillet & d'Août, il fait des chaleurs insupportables : cependant la campagne est alors très-belle ;

& les plaines couvertes de riches moissons & d'arbres chargés de fruits offrent une perspective admirable.

Les plus beaux mois de l'année sont Septembre, Octobre, Novembre & Décembre, si ce n'est que des vents impétueux, appellés *Typhons* par les Asiatiques, & connus en Europe sous le nom d'*ouragans*, se font sentir alors & exercent quelquefois de terribles ravages sur la côte du Tonquin & dans les mers voisines.

Comme les terres de ce royaume sont fort basses, principalement vers la mer, elles sont sujettes à de grandes inondations dans le tems des pluies ; & quand ces inondations sont trop abondantes, les gens de la campagne souffrent beaucoup. D'un autre côté, si les pluies nécessaires pour la culture du ris viennent à manquer, une horrible famine désole le pays ; & telle est quelquefois la misère du peuple, que les pères se trouvent réduits à vendre leurs propres enfans, pour avoir de quoi subsister.

Vers les côtes du Tonquin, la mer a dans son flux & reflux des variations absolument inconnues dans nos mers d'Europe. L'un & l'autre n'arrive qu'une fois dans l'espace de vingt-quatre heures : la mer est douze heures à monter, & le flux n'est sensible que durant deux quartiers de lune ; tandis qu'il se fait à peine obferver pendant les deux autres quartiers. Dans les hautes marées, qui durent quatorze jours, l'eau commence à croître lorfque la lune fe lève ; au lieu que dans les baffes marées, qui font auffi de quatorze jours, le flux ne commence que lorfque la lune ceffe d'éclairer l'horifon. Quand la lune paffe par les fignes feptentrionaux du zodiaque, on remarque de grandes variations dans les marées, qui tantôt font plus hautes & tantôt plus baffes ; au contraire, lorfqu'elle a paffé la ligne équinoxiale, & qu'elle parcourt les fignes méridionaux, les marées font égales.

L'étendue du Tonquin est à-peu-près la même que celle du Portugal, mais on y compte quatre fois le même nombre d'habitans. Les villages, que l'on nomme ici *Aldées*, sont si proches l'un de l'autre, qu'il est impossible d'en fixer le nombre, quand on ne s'est pas fait une étude de les compter.

Le terroir du royaume est excellent ; d'ailleurs le pays est arrosé de quantité de canaux qui fertilisent les terres. Il n'est pas douteux que le sol du Tonquin ne fût propre à produire toutes sortes de grains & de fruits ; mais comme le ris est la principale nourriture de ses nombreux habitans, ils s'adonnent presque uniquement à la culture de ce grain, dont on fait deux récoltes dans les années ordinaires. C'est assez vous parler du climat de ce pays; il est tems, Madame, de vous faire le récit de mon voyage.

D'abord s'est offerte à mes yeux la contrée d'Orient qui est bornée au midi par le golfe du Tonquin. Cette province qui est fort grande, renferme plusieurs isles. Ses terres sont fertiles en pâturages & en ris. Les peuples qui l'habitent se livrent presque tous à la pêche. Sa Capitale, qui est une ville peu considérable, sert ordinairement de résidence au Gouverneur. J'ai traversé ensuite la contrée d'Occident qui n'est guère remarquable que par son excessive fertilité & les arbres dont elle est couverte. De là, m'avançant vers le sud, la contrée qui porte ce nom, m'a présenté une isle de figure triangulaire, formée en partie par la mer, en partie par les deux bras du *Song-Koi*. Remontant ensuite vers la contrée du nord, j'ai distingué une vaste Province qui comprend presque toute la partie septentrionale du Tonquin, du côté du levant; elle est contigue à la Chine; ses plaines sont fertiles & agréablement diversifiées par des bois & des montagnes, où l'on trouve une grande quantité d'éléphans sauvages. Dans les jardins qui embellissent ce pays, j'ai admiré des lys & des jasmins d'une grande beauté; mais ce qui a sur-tout excité ma surprise, c'est une espèce de capre dont l'odeur délicieuse se conserve quinze jours après que la fleur a été cueillie; non, jamais parfum plus suave n'a flatté l'odorat. Cette capre fait les délices des dames, & c'est un des principaux ornemens de leur parure. De la contrée de *Tenan*, qui n'a rien de curieux pour l'œil de l'observateur, je suis arrivé dans celle de *Tingwa*, que j'ai franchie rapidement pour me rendre dans la vaste province de *Ngeam*, qui du côté du couchant touche à la Cochinchine. C'est là qu'au milieu de toutes nos productions d'Europe, j'ai vu s'élever un arbre dont la defcription vous intéreffera peut-être. Sa tête s'élance pompeufement dans les airs. Ses feuilles reffemblent à celles du laurier. Son fruit que l'on nomme ici *Bejay*, croît en grappe fur les branches, & chaque grappe prend la forme d'un cœur, de la groffeur d'un petit œuf de poule. Dans fa maturité, il eft d'un rouge cramoifi. Sa coque eft mince, rude, & s'ouvre cependant avec facilité. La vue & le goût font également flattés par l'excellence & la beauté de ce fruit : mais il ne dure pas plus de quarante jours dans fa faifon, qui eft le mois d'Avril. Vers ce tems, les officiers du Roi mettent leur sceau sur les arbres qui promettent le meilleur *Bejay*, sans examiner à qui ils appartiennent ; & les propriétaires sont obligés, non-seulement de n'y pas toucher, mais encore de veiller à la conservation des fruits qui sont réservés pour la cour. J'ai vu aussi dans cette contrée les mêmes animaux que nous avons dans nos climats : mais une chose qui m'a beaucoup surpris, c'est l'extrême indifférence des chats pour les souris, & la guerre continuelle qui existe entre celles-ci & les chiens qui n'ont d'autre emploi dans ce pays que celui de veiller à la destruction de la gent Trotte-Menu. De la province de Ngeam, j'ai hâté ma course vers celle qui a donné son nom à cette capitale. Par-tout, j'ai remarqué des forêts épaisses, des campagnes fertiles & des collines cultivées. Ses terres sont jaunes & très-abondantes en ris, qui, dans ce pays remplace le bled & le vin. J'ai vu aussi beaucoup de vernis & de soie, les deux principales branches du commerce des Tonquinois ; en général cette contrée m'a presque toujours offert les productions nécessaires à la vie de l'homme, & avec cette abondance généreuse qui devient si utile aux environs d'une grande ville & d'une immense population.

LETTRE XXXIX.

De Cacho, le 18 Février 1732.

L'Origine des Tonquinois, Madame, est très-ancienne, mais les premiers tems de leur monarchie sont d'une obscurité impénétrable. Ces peuples ont ignoré pendant plusieurs siècles l'art de l'écriture, & les premières histoires qu'ils ont composées, depuis que l'usage des caractères s'est introduit parmi eux, ne sont qu'un tissu d'aventures & de traditions fort incertaines. Il paroît que leur nation est originairement différente de celle des Chinois. Ceux ci les appellent *Mansos*, c'est-à-dire *Bar-*

bares, nom qu'ils donnent à tous les peuples étrangers. Les Tonquinois ont beaucoup de ressemblance avec les Indiens, soit par la manière de se nourrir & de s'habiller, soit par d'autres usages particuliers, comme celui de noircir leurs dents, d'aller pieds nuds, soit par la conformation de l'orteil droit, qui s'écarte des autres doigts du pied : tout cela peut faire penser que le Tonquin a été originairement peuplé par une colonie d'Indiens.

Un des premiers Rois, dont leur histoire fasse mention, est *Ding*, qui régnoit environ deux cens ans avant J. C. Une troupe de brigands le plaça sur le trône. Les historiens s'accordent peu sur les circonstances de son usurpation ; mais tous conviennent que s'étant rendu odieux par des violences, il fut massacré par ses sujets.

De longues guerres succédèrent à cette révolution. Elles se terminèrent par l'élection d'un roi nommé *Lé-dayan*. Les Chinois, sous le règne de ce Prince, entrèrent à main armée dans le royaume. C'est la première irruption dont il soit parlé dans les annales du pays.

Après la mort de *Le-dayan*, les Tonquinois mirent sur le trône *Li-bal vié*, homme très-entendu dans le métier de la guerre, & qui joignoit à un grand courage une expérience consommée. Il vainquit les Chinois dans plusieurs batailles, & il eut la gloire de les chasser du Tonquin.

La postérité de *Li-bal-vié* regna tranquillement pendant cinq ou six générations. Le dernier roi de cette race n'ayant laissé qu'une fille, cette Princesse plaça sur le trône un jeune Seigneur qu'elle épousa. Un autre Seigneur, nommé *Ho*, conspira contre cette Reine, vainquit son mari dans une bataille, & s'empara du trône après avoir fait égorger le Prince & la Princesse. Cette lâche perfidie & quelques autres violences que commit l'usurpateur, le rendirent si odieux que ses sujets se révoltèrent

tèrent contre lui. Le déſeſpoir, plutôt que la prudence, leur inſpira d'appeler à leur ſecours les Chinois, qui entrèrent dans le Tonquin avec une armée formidable. Le Tyran fut exterminé; mais les peuples furent aſſervis par leurs propres libérateurs; le royaume fut obligé de ſe ſoumettre à la domination des Chinois, & de recevoir un Vice-Roi de la même nation, qui changea l'ancienne forme du gouvernement, & qui introduiſit dans le pays la plûpart des loix & des coutumes chinoiſes.

Les Tonquinois ſupportèrent d'abord aſſez tranquillement cette diſgrace; mais l'amour de l'indépendance s'étant réveillé dans leur

Voyages. Tome *VI.* B

cœur, ils prirent les armes, & résolurent de secouer le joug. Un homme intrépide, nommé *Li*, se mit à la tête des révoltés, & fit passer tous les Chinois au fil de l'épée. Leur chef même fut massacré dans le tumulte. Les guerres civiles qui déchiroient la Chine dans ce même tems, empêchèrent l'Empereur de tirer vengeance de cet attentat, & le forcèrent de souscrire à une paix désavantageuse. *Li* fut couronné, & tout ce qu'obtinrent les Chinois, fut qu'à l'avenir les Rois du Tonquin se reconnoîtroient vassaux de la Chine, & lui payeroient un tribut tous les trois ans. Depuis plus de cinq cens ans, ce traité s'observe avec une fidélité inviolable. De trois ans en trois ans, les Tonquinois envoyent à Péking des Ambaſſadeurs chargés de préſenter le tribut, & de rendre hommage à l'Empereur. Ce tribut confiſte en de nombreux préſens, parmi leſquels on voit des ſtatûes d'or & d'argent, repréſentant des criminels qui ſemblent demander grace, & cela en mémoire de l'attentat commis anciennement contre le Vice-Roi de l'Empire. Les Chinois reçoivent ces Ambaſſadeurs avec beaucoup de pompe, moins par eſtime pour les Tonquinois, que pour donner plus de luſtre à la cérémonie de l'hommage. L'Empereur envoie auſſi des Ambaſſadeurs au Tonquin, mais ses Ministres se conduisent avec beaucoup de hauteur dans cette cour. Ils ne daignent point visiter le Roi, & quand ce Prince veut traiter avec eux, il est obligé de se transporter dans leurs palais. Les Rois du Tonquin sont assujettis à un autre devoir. Lorsqu'ils parviennent au trône, ils doivent faire confirmer leur installation par l'Empereur de la Chine qui leur envoie le sceau, dont ils font usage pendant leur règne.

Les descendans de *Li* occupèrent le trône pendant deux siècles : ensuite on vit éclore d'étonnantes révolutions. Vers l'an mil quatre cent de l'ère chrétienne, un simple pêcheur, nommé *Mak*, s'empara de l'autorité souveraine. Bientôt après, il fut détrôné par un autre avanturier appelé *Tring*. Celui-ci dans la vue de couvrir son usurpation, publia qu'il ne prenoit les armes que pour rétablir la famille de *Li* sur le trône, & en effet il fit couronner un jeune Prince de cette maison; mais il se réserva l'autorité principale, ne laissant au jeune Monarque que l'ombre de la royauté. Il prit le nom de *Chova* ou de Général du royaume. Depuis ce moment, les Tonquinois reconnoissent deux souverains, l'un titulaire, l'autre réel. Le premier porte le titre de *Bova*, qui signifie Roi ou Empereur. C'est le nom qu'on donne au chef de la maison

Royale de *Li*, qui jouit de tous les honneurs du trône sans en exercer les fonctions. L'autre s'appelle *Chova*, & c'est entre ses mains que réside la toute-puissance.

Il y a environ deux cens ans que cette forme singulière d'administration subsiste au Tonquin. La dignité de *Chova* est héréditaire. L'aîné des fils succède au généralat. Mais cet ordre est quelquefois troublé par l'ambition des autres Princes; & leurs entreprises ont excité plus d'une guerre funeste, ce qui a donné lieu à ce proverbe; *que la mort de mille Bovas est moins dangereuse pour le royaume que celle d'un seul Chova.* La succession du *Bova* est toujours incertaine. Lorsqu'il laisse plusieurs fils, le *Chova* nomme pour successeur celui qu'il veut, & peut même élever au trône quelque Prince collatéral. Mais la constitution de l'état exige que la couronne soit toujours conférée à un Prince de la maison de *Li*.

Le *Bova* vit enfermé dans son palais. Sa cour est presque déserte ; les grands ne peuvent le visiter que deux fois le mois. Au contraire, la cour du *Chova* est toujours nombreuse. Tous les matins il reçoit l'hommage des ministres, des courtisans & des principaux seigneurs du royaume qui se rendent à son palais, dès la pointe du jour.

Le *Chova* entretient un grand

nombre de concubines. Mais il n'a coutume de se marier que dans les dernières années de sa vie, c'est-à-dire, à un âge qui ne lui laisse plus l'espoir d'avoir des enfans. Il épouse toujours une Princesse de la famille Royale. Le rang de cette femme est supérieur à celui de toutes les concubines, & on lui donne le titre de *Mére du pays*. Celle des concubines qui donne le premier fils au *Chova*, est traitée avec beaucoup de distinction: mais toujours avec moins d'égard que la Princesse qui a le rang d'épouse. Les autres concubines qui deviennent mères, reçoivent le titre de *Dueba*, qui signifie *excellente femme*. L'aîné des fils du *Chova* s'appelle *Chura*, c'est-à-dire, *jeune Général*. Il a une cour particulière composée d'un grand nombre de Seigneurs. Les autres fils reçoivent le titre de *Duong*, qui veut dire, *excellent homme*. Et les filles celui de *Batua*, qui répond au titre de *Princesse*.

Les Eunuques ont un grand pouvoir à la cour. Les portes du palais leur sont ouvertes à toutes les heures. On les charge des commissions les plus secrettes, & ils ont toute la confiance du Prince. Une de leurs fonctions est de recevoir les requêtes des particuliers & des Mandarins. Ils les présentent au *Chova*, & ils y répondent en son nom. Le crédit dont ils jouiffent, les rend fi fiers & fi infolens, qu'ils font déteftés de toute la nation. Cependant parmi ces hommes efféminés, & naturellement corrompus, il s'eft trouvé des miniftres d'une intégrité admirable, & des généraux d'une bravoure extraordinaire. Une chofe remarquable, c'eft que l'état d'eunuque n'a rien ici d'humiliant, fur-tout quand on perd la virilité par un accident imprévu. Ces fortes d'accidens paffent pour une faveur du ciel, & on les regarde comme les préfages d'une grande fortune. Tous les emplois importans, toutes les richeffes du royaume, font entre les mains de ces vils favoris. Lorfqu'ils meurent, le *Chova* hérite de leurs tréfors, & n'abandonne à leurs parens qu'une très-légère partie de leur dépouille.

Le *Chova* partage les foins de l'adminiftration civile avec des magiftrats entièrement foumis à fes volontés. Chaque province du Royaume a fon gouverneur particulier. Le gouverneur a pour lieutenant un Mandarin chargé de rendre la juftice & de veiller à l'obfervation des loix. Dans chaque province il y a plufieurs tribunaux, parmi lefquels un feul reffortit immédiatement au confeil fouverain du Prince. Toutes les affaires criminelles font portées au tribunal du Gouverneur. Il juge fans appel les délits ordinaires; mais s'il inflige une peine capitale, il ne peut faire exécuter la fentence, à moins qu'elle n'ait été confirmée par le *Chova*.

Les Tonquinois ont retenu la plûpart des loix chinoifes, introduites dans leur pays au tems de la dernière conquête, c'eft à-dire, vers le douzième fiècle de l'ère chrétienne. Ces loix compofent le droit commun du Tonquin; cependant ils ont auffi quelques conftitutions particulières, & l'on remarque même dans plufieurs de leurs anciennes loix, plus de juftice que dans certaines coutumes de la Chine. Telle eft la loi qui leur défend de noyer ou d'expofer les enfans : ufage barbare qui, comme vous savez, est toléré parmi les Chinois ; mais, d'un autre côté, il s'est glissé un tel abus dans la plupart des tribunaux de justice, qu'il n'est presque point de crimes dont on ne se procure l'impunité par de l'argent.

Ici, comme à la Chine, on n'arrive point à la magistrature sans être gradué, & la science est l'unique voie pour parvenir aux honneurs. La noblesse, avec des revenus convenables, est le prix de ceux qui excellent dans la connoissance des loix, dans les mathématiques, dans l'astrologie, &c. Il y a des jours marqués pour l'examen de ceux qui se présentent au concours, & quelquefois il s'y rend jusqu'à trois mille aspirans. Le Roi honore cette cérémonie de sa présence ; il déclare nobles ceux qui ont satisfait aux questions des Mandarins ; il leur fait donner une robe de satin violet, & marque les villages & les bourgs sur lesquels il leur assigne des revenus. Dans les matières de science, on n'emploie que la langue chinoise. Pour tout le reste, le peuple & la cour parlent l'idiôme du pays. Cet idiôme est rempli d'une infinité de monosyllabes, dont le sens n'est déterminé que par la différence des inflexions de voix, ce qui forme une espèce de chant. Les Tonquinois n'ont point d'écoles publiques; chacun prend, pour s'instruire, le maître qui lui convient.

Le Royaume de Tonquin entretient ordinairement une armée de cent cinquante mille hommes, parmi lesquels on compte huit à dix mille cavaliers. Dans les besoins extraordinaires, cette armée augmente, mais les Tonquinois sont de mauvais soldats : ce qu'on peut attribuer à deux causes ; premièrement, au caractère efféminé de leurs chefs, qu'on choisit ordinairement parmi les eunuques de la cour ; secondement, au défaut des récompenses militaires ; l'argent ou la protection sont les seules voies qui conduisent à l'avancement. Le courage n'obtient aucunes distinctions, & il est presque sans exemple, qu'on ait élevé un soldat au-dessus de son premier grade. Rien ne prouve mieux la lâcheté de ces troupes, & la foiblesse réelle des armées du Tonquin, qu'une lettre que le Roi du pays écrivit en 1647 à la Compagnie Hollandoise. Ce Prince étoit alors en guerre avec les habitans de *Kurinam*, nation voisine du Tonquin. Il eut recours à l'assistance des Hollandois, auxquels il demanda un secours de deux cens hommes & de trois navires. Sa lettre commençoit ainsi : *J'ai trois cens mille soldats, deux mille éléphans, dix mille cavaliers bien aguerris, mille galères, cinq mille canons de fer, trente mille arquebuses, & mille pièces d'artille-*

rie de bronze. Après avoir fait l'orgueilleux étalage de toutes ses forces, il concluoit par demander avec instance le foible secours dont je viens de vous parler, témoignant qu'il en avoit besoin pour résister aux puissans efforts de ses ennemis.

Les forces navales du Tonquin consistent dans un assez grand nombre de galères, de bateaux & de barques de différentes grandeurs. Les plus grands de ces bâtimens n'ont qu'un canon de quatre livres de balle qu'on place à la proue. Ils sont dépourvus de mâts, & la manœuvre ne se fait qu'avec le secours des rameurs.

Les Tonquinois ont une singulière méthode de faire la guerre.

Leurs armées s'assemblent avec une promptitude incroyable : elles marchent fièrement : elles campent avec appareil ; mais elles ne cherchent ni à faire des sièges, ni à livrer des combats. Elles paffent le tems à fe retrancher devant l'ennemi, à confidérer les murs des villes, à fe ranger en bataille & à faire divers autres mouvemens. Si une maladie légère emporte quelques foldats, tous les autres fe rebutent, & l'armée fe diffipe avec la même promptitude qu'elle s'eft affemblée, en s'écriant que la guerre eft cruelle & fanglante. Vous voyez, Madame, que la lâcheté parle quelquefois auffi-bien que la philofophie.

LETTRE XL.

De Cacho, le 20 Février 1782.

Les Tonquinois, Madame, doivent aux Chinois, leurs anciens maîtres, la plûpart des sciences & des arts qu'ils cultivent; ils font une étude particulière de la morale, & en puisent les principes dans la même source, c'est à-dire, dans les livres de Confucius. Leur ignorance est extrême dans la philosophie naturelle. Ils ne sont pas versés dans les mathématiques & dans l'astronomie. Leur poésie est obscure, & leur musique sans harmonie.

Les lettrés du Tonquin doivent

passer par divers degrés pour arriver au terme de leur ambition. Ce n'est pas la noblesse, car les honneurs meurent ici avec la personne qui les a possédés; mais toutes les dignités du Royaume sont les récompenses du mérite militaire. Le premier degré est celui de *Singdo*, qui revient à celui de Bachelier en Europe; le second, celui de *Rung-cong*, qui peut être comparé à celui de Licencié; & le troisième, celui de *Tuncy*, qui donne proprement la qualité de Docteur. Entre les Docteurs, on choisit le plus habile pour en faire le chef ou le président des sciences, sous le titre de *Trangivin*. La corruption, la partialité, & toutes les passions qui ont tant de part à tout ce qui se fait au Tonquin, cèdent pour ce choix à l'amour de l'ordre & de la justice. On y apporte tant de soins & de précautions, qu'il tombe toujours, m'a-t-on dit, sur les plus dignes sujets. Si cela est vrai, vous conviendrez que le Tonquin est un pays unique.

Les Tonquinois réussissent peu dans la médecine, quoiqu'ils en étudient les principes dans les livres de la Chine, qui leur apprennent à connoître & à préparer les simples, les drogues & les racines. La confusion de leurs idées ne permet guère de se fier à leurs raisonnemens. L'expérience est la plus sûre de leurs règles ; mais comme elle ne leur donne pas la connoiſſance de l'anatomie & de tout ce qui entre dans la compoſition du corps humain, ils attribuent toutes les maladies au ſang, & l'application de leurs remèdes ne ſuppoſe jamais aucune différence dans la conſtitution de deux individus.

La peſte, la gravelle & la goutte ſont des maux peu connus dans ces contrées. Les maladies les plus communes au Tonquin, ſont la fièvre, la dyſſenterie, la jauniſſe, la petite vérole, contre leſquelles on emploie differens ſimples, & ſur-tout la diète & l'abſtinence. La ſaignée s'y pratique rarement, & la méthode du pays eſt bien éloignée de celle de l'Europe : c'eſt du front que les Tonquinois ſe font tirer du ſang avec un os de poiſſon, dont la forme reſſemble aſſez à la flamme de nos maréchaux. On l'applique ſur la veine ; on la frappe du doigt, & le ſang rejaillit auſſi-tôt ; mais leur grand remède eſt le feu dans la plûpart des maladies ; la matière dont ils ſe ſervent pour cette opération, eſt une feuille d'arbre bien ſéchée, qu'ils battent dans un mortier, & qu'ils humectent enſuite avec un peu d'encre de la Chine : ils la diviſent en pluſieurs parties de la grandeur d'un liard, qu'ils appliquent en différens endroits du corps. Ils y mettent le feu avec un petit papier allumé,

& le malade a besoin d'une patience extrême pour résister à la douleur. L'usage des ventouses n'est pas ici moins commun, & s'exerce à-peu-près comme en Europe, mais on se sert de calebasses au lieu de verres. Les Tonquinois entendent si peu la chirurgie que, pour les dislocations & les fractures des os, ils n'emploient que certaines herbes dont on vante beaucoup l'effet. Ils ont un autre remède, qui consiste à réduire en poudre les os crûs d'une poule, dont ils font une pâte qu'ils placent sur la partie affectée, & qui passe pour un souverain spécifique. Ils prennent pour d'autres maladies des coquillages de mer réduits en poudre, sur-tout des écailles de crabes qu'ils croient converties en pierres par la chaleur du soleil, & qu'ils avalent en potion.

Ces peuples sont assez adroits dans les arts méchaniques. Ils ont de bonnes manufactures de soie, de poterie, & de papiers. Ils font des ouvrages de vernis assez estimés : ils travaillent avec industrie le fer & le bois : ils connoissent la fonte des métaux : ils savent même fabriquer l'artillerie ; mais ils ne tirent que de foibles avantages de tous ces arts, faute d'esprit & d'intelligence pour les faire valoir au dehors. La proximité de la Chine les mettroit à portée de trafiquer dans ce vaste empire, &

d'en rapporter plusieurs marchandises qu'ils vendroient avec avantage à l'étranger. Il ne leur seroit guère moins facile d'attirer dans leur golphe les vaisseaux d'Europe & des Indes. Mais des défiances mal entendues éloignent le gouvernement de toute communication intime avec l'étranger, & la crainte d'un péril éloigné & même imaginaire, fait renoncer à des avantages prochains & réels. Le commerce est si peu florissant dans ce royaume, qu'il n'y a point de magasin qui renferme pour deux mille écus de marchandises. Les Hollandois & les Chinois font le principal commerce du pays ; ils en tirent des soies crues & filées, qu'ils tranfportent au Japon. Les Anglois y achetent auffi beaucoup de foies travaillées.

Les Tonquinois n'ont point d'efpèces marquées au coin de leur pays ; ils fe fervent des monnoies étrangères, principalement des pièces de cuivre qu'ils tirent de la Chine, & qu'ils achètent avec de l'argent ; échange d'autant plus défavantageux, que la marque de ces pièces étrangères venant à s'altérer avec le tems, elles ceffent d'avoir cours, & deviennent prefqu'inutiles.

LETTRE XLI.

De Cacho, le 23 Février 1782.

Les Tonquinois, Madame, sont d'une constitution peu robuste, d'une taille médiocre, mais assez bien proportionnée; leur teint est basané & tirant sur le jaune, mais moins noir que celui des Chinois & des Japonois; ils ont les narines moins ouvertes, & le visage plus rond que les Chinois. Leurs cheveux sont noirs, bien fournis, & ils les laissent flotter sur les épaules; ils naissent presque tous avec de très-belles dents; mais à peine ont-ils atteint l'âge de puberté, qu'ils se les noircissent ; ils employent pour cela une composition corrosive & même vénéneuse, qui leur cause un tel dégoût, qu'ils sont quelquefois trois ou quatre jours sans pouvoir manger; la raison qu'ils apportent pour justifier cette bizarre coutume, c'est qu'ils ne veulent point ressembler aux bêtes qui ont presque toutes les dents fort blanches.

Leurs habits consistent en de longues robes, peu différentes de celles des Chinois. Une ancienne loi leur ordonne d'aller nuds pieds: cependant les lettrés ont droit de porter des sandales, & depuis quelques années plusieurs personnes s'arrogent le même privilège. La coutume des Grands eſt de laiſſer croître leurs ongles, ce qui paſſe chez eux pour une diſtinction qui n'appartient qu'aux gens de qualité.

Quoique la valeur ne ſoit pas une qualité commune au Tonquin, la douceur & le goût de la tranquillité ſont moins le caractère général des habitans, qu'une humeur inquiète & turbulente, qui demande le frein continuel de la ſévérité pour les contenir dans l'union. Les révoltes & les conſpirations y ſont fréquentes. Il eſt vrai que la ſuperſtition, à laquelle tout le peuple eſt malheureuſement livré, a ſouvent plus de part aux déſordres publics, que les entrepriſes de l'ambition; & rarement les Mandarins

& les autres Seigneurs prennent part à ces attentats.

Les Tonquinois n'ont pas l'humeur emportée, mais ils sont la proie de deux paſſions beaucoup plus dangereuſes, qui ſont l'envie & la malignité; autrefois le premier de ces deux vices leur faiſoit deſirer toutes les richeſſes & les curioſités des nations étrangères; mais leurs deſirs ſe réduiſent aujourd'hui à quelques pièces d'or & d'argent du Japon, & au drap de l'Europe. Ils ont toujours ce ſot orgueil qui ôte la curioſité de viſiter les autres pays. Leur eſtime ſe borne à leur patrie, & tout ce qu'on leur raconte des pays étrangers, paſſe à leurs yeux pour une fable.

La civilité Chinoise s'est introduite parmi eux : mais ils sont un peu moins esclaves des cérémonies & des complimens. Leur coutume est de se visiter de grand matin ; c'est une incivilité d'arriver tard dans une maison, & sur-tout de s'y présenter vers l'heure du dîner. Les grands Seigneurs choisissent eux-mêmes le matin pour faire leur cour ; ils assistent au lever du Prince, ils visitent les ministres, & à huit heures tous leurs devoirs sont rendus ; ils retournent alors dans leurs maisons, & vaquent à leurs affaires domestiques ; le reste de la matinée, principalement l'heure qui précède le dîner, est consacrée au repos, comme une préparation convenable pour rendre la réfection plus salutaire ; leur conversation est gaie, & ils ont soin d'en écarter tous les sujets tristes ; c'est par cette raison qu'ils visitent rarement les malades, & qu'ils se gardent bien de les entretenir de leurs maux. On aime mieux laisser mourir ses parens & ses amis sans testamens, que de les avertir de leur état : cet avis passeroit pour une incivilité, & même pour une offense. L'usage veut qu'on présente du bétel à celui qui rend la visite, à moins qu'il ne soit d'un rang trop supérieur.

Les Tonquinois sont les plus gourmands de tous les hommes. Ils mangent avec une telle avidité, qu'ils ne se permettent pas la moindre distraction : si on leur fait une question lorsqu'ils sont à table, ils se croient trop occupés pour y répondre; il faut cependant convenir que cette voracité n'est ordinaire que parmi le peuple : les gens de qualité mangent avec plus de retenue, mais ils sont adonnés à l'ivrognerie. Dans les repas qu'ils se donnent, l'usage veut qu'on demande auparavant à chaque convive la liste des mets qu'il desire, afin que tout le monde soit servi selon son goût.

Leurs alimens sont préparés & servis avec beaucoup de propreté : on parfume les tables & même les viandes. Les mets les plus usités sont le riz, qu'on apprête de plusieurs manières, les racines, les légumes, les œufs, le poisson, les grenouilles, toutes sortes d'oiseaux sauvages & domestiques, &c. On ne sert ni serviettes ni nappes; on prend les viandes avec deux petits bâtons qui tiennent lieu de fourchettes. Toutes les viandes sont coupées lorsqu'on les met sur la table, & on les sert dans de petits plats de porcelaine, ou de terre commune. La boisson ordinaire du peuple est le thé : les gens aisés y mêlent de l'arak, qui est une liqueur forte dont ils font un grand cas. L'usage du pays est de manger quatre fois par jour.

Jusqu'ici on a représenté les Tonquinois comme un peuple laborieux & actif : c'est une erreur; cet éloge convient tout au plus aux femmes. Quant aux hommes, ils sont voluptueux & paresseux. La pauvreté seule les force au travail. Le chant & la danse sont leurs plus chers amusemens. Ils y emploient toutes les soirées, & souvent une bonne partie de la nuit. Dans toutes les maisons des grands seigneurs, il y a une salle destinée à ces passe-tems. Les villages mêmes ont des *maisons de chant*, où les habitans s'assemblent les jours de fête. On y joue des farces mêlées de chants & de danses. Les acteurs sont au nombre de quatre ou cinq. La partie de la danse

danse est toujours exécutée par des femmes qui chantent aussi quelquefois. L'action est souvent interrompue par un bouffon qui, par ses bons mots & ses gestes comiques, tâche de faire rire les spectateurs. Leurs chants roulent sur cinq ou six airs : les paroles contiennent l'éloge de leurs rois & de leurs héros : on y mêle ordinairement quelques couplets de galanterie. Ils ont une espèce de danse assez particulière. Une femme se présente sur le théâtre, ayant sur la tête un bassin rempli de petites lampes : elle saute avec une légèreté surprenante, & elle fait toutes sortes de mouvemens, sans qu'aucune des lampes tombe ou se dérange. Cet exercice dure quelquefois une demi-heure. Il y a aussi des femmes qui dansent sur la corde. Les Tonquinois ont plusieurs instrumens de musique, des trompettes, des timbales de cuivre, des hautbois & des guittares, & différentes sortes de violons ; mais une oreille françoise se fait difficilement à leur harmonie discordante.

Les grands seigneurs se plaisent beaucoup à faire combattre les coqs : c'est un divertissement très-commun à la cour. J'en ai vu que l'on mettoit aux prises avec ceux du *Chova*, & toujours ceux-ci sortoient victorieux du combat. Ces défis, accompagnés d'une gageure, coûtent quelquefois des sommes considérables aux courtisans. La pêche est un autre amusement très-recherché au Tonquin. Le plaisir de la chasse leur est à peine connu, parce que le gibier est fort rare, & qu'il y a peu de forêts hors de la province de Cacho.

L'humeur voluptueuse de ce peuple a extrêmement multiplié les fêtes dans le pays. Il y en a deux solemnelles, dont l'une se célèbre au retour du nouvel an, qui commence au Tonquin dans la nouvelle lune la plus proche de la fin de Janvier, & quelquefois trois ou quatre jours plutôt. Cette fête dure un mois. Le premier jour elle se passe fort tristement. Toutes les maisons sont fermées : chacun reste chez soi par superstition, de peur de rencontrer quelqu'objet sinistre qui porte malheur tout le reste de l'année. Le lendemain on se visite, & c'est alors que les plaisirs commencent. On élève dans toutes les rues des théâtres destinés à diverses représentations ; l'air retentit des instrumens de musique : la joie & le libertinage sont portés aux derniers excès ; toutes les affaires publiques & particulières sont suspendues. On ferme les tribunaux de justice : les créanciers ne peuvent poursuivre leurs débiteurs ; les vols, les violences & d'autres crimes demeurent impunis.

La seconde fête arrive dans la sixième lune, un peu après la première récolte. On la cé'èbre avec la même gaîté. Il y a outre cela, dans chaque mois, deux fêtes solemnelles, l'une au premier, l'autre au quinzième jour de la lune. La dévotion a un peu plus de part à ces deux fêtes : on offre à ses ancêtres des sacrifices, qui consistent à porter des viandes sur leur tombeau. Les grands célèbrent aussi avec beaucoup de pompe le jour de leur naissance.

Il y a encore deux autres fêtes dont l'une se nomme *Can-ja*, & l'autre *Tecki-da* : dans la première, le *Bova*, comme l'empereur de la Chine, donne sa bénédiction aux campagnes, & laboure solemnellement quelques sillons. Le *Tecki-da* est une espèce d'exorcisme, en vertu duquel on croit bannir du pays tous les esprits mal-faisans. Toute la milice a droit d'assister à cette fête; mais par cette même raison, il est défendu au *Bova* de s'y trouver, de peur qu'il ne soit tenté de profiter de cette occasion, pour recouvrer l'autorité que les *Chovas* ont usurpée sur ses ancêtres.

Le Tonquinois seroit indisciplinable, s'il n'étoit contenu par la sévérité ; ses maîtres l'accablent d'impôts & de corvées pénibles. Depuis l'âge de dix-huit ans, chaque particulier est taxé à une taille annuelle, plus ou moins forte selon ses biens & la fertilité du canton. Le tribut se paie en deux termes, vers le tems de chaque moisson. On en exempte les princes du sang royal, les domestiques du Roi, les ministres & les officiers publics, les lettrés & les gens de guerre. Dans les Villages où le terroir est si stérile, que les habitans ne sont pas en état de payer la taille, on condamne ces misérables à couper de l'herbe pour nourrir les éléphans & la cavalerie du Royaume; ils sont obligés de la transporter eux-mêmes tour à tour dans les magasins de Cacho, quelqu'éloignés que soient leurs Villages de cette capitale.

Outre la taxe dont je viens de

vous parler, les peuples font sujets à une corvée fort onéreuſe, qu'on appelle *Vecquan* : cette corvée conſiſte à travailler aux réparations des chemins, des remparts des villes, des palais du prince, & de tous les édifices publics. Ceux qui veulent s'exempter perſonnellement de ces travaux, doivent fournir un homme pour les remplacer. Les marchands & les artiſans établis dans les villes n'en ſont point diſpenſés ; ils travaillent ſix mois de l'année aux ouvrages publics ſans aucune récompenſe, à moins qu'on ne leur accorde par grace la nourriture.

Au Tonquin, ainſi qu'à la Chine, les jeunes gens ne peuvent ſe marier fans le confentement de leurs pères & de leurs mères. On ne marie guère les filles avant feize ans. Ceux qui les recherchent vont faire la demande au père, & lui offrent quelques préfens.

Quand on eft convenu des articles, le mari envoie chez la fiancée toutes les chofes qu'il a promifes. Le jour du mariage, les pères des deux familles, accompagnés de leurs amis, conduifent l'époufée dans la maifon de fon mari. Cette cérémonie fe fait avec beaucoup d'appareil, mais les prêtres ne s'en mêlent point.

La polygamie eft tolérée chez les Tonquinois, & quoiqu'ils aient plufieurs compagnes, une feule cependant a le titre d'épouse. Les hommes peuvent les répudier quand ils s'en dégoûtent. Les femmes n'ont pas le privilège de quitter leurs maris, à moins qu'ils ne consentent au divorce ; par-tout se retrouve la loi du plus fort. L'acte de répudiation consiste dans un billet signé du mari, par lequel il renonce à tous les droits qu'il avoit sur son épouse, lui laissant la liberté de disposer de sa main. Une femme, renvoyée par son mari, a la permission d'emporter son bien, & même tout ce que son époux lui a donné le jour de ses noces. Les enfans restent à la charge du mari : ces loix de compensation rendent les divorces très-rares.

L'adultère est puni par un supplice très-cruel. Les femmes sont condamnées à être écrasées sous les pieds d'un éléphan. Leurs amans sont aussi condamnés à mourir, mais leur mort est moins horrible.

Dans les partages des successions, les aînés ont le principal lot ; les autres enfans mâles sont réduits à une légitime médiocre ; les filles n'ont presque rien.

L'usage des adoptions est très-fréquent ici ; il s'étend indifféremment aux deux sexes Les enfans adoptés partagent presqu'également la fortune du père avec les véritables enfans ; mais aussi ils sont soumis aux mêmes devoirs. Ils doivent honorer leur père d'adoption, & obéir à toutes ses volontés; lorsqu'il meurt, ils prennent le deuil, comme pour leur propre père. Une des principales cérémonies de l'adoption consiste à offrir deux flaccons d'arack au chef de la famille dans laquelle on est admis. On a vu quelquefois des étrangers qui, pour se ménager un protecteur à la cour, se sont fait adopter par de puissans seigneurs. Cette grace ne s'obtient jamais que par des présens considérables.

LETTRE

LETTRE XLII.

De Cacho, le 25 Février 1782.

Deux Religions, Madame, dominent dans ce pays, où elles ont été apportées de la Chine. La première est celle de Confucius, que les Tonquinois appellent *Ong-congne*. Ils ont épuré son culte de la plupart des minuties superstitieuses qui s'observent au Cathay. Toute cette religion se réduit au Tonquin à honorer intérieurement le Roi du Ciel, à rendre en secret quelques devoirs aux morts, & à pratiquer les vertus morales. Ils n'ont ni temples, ni prêtres, ni aucune forme arrêtée de culte extérieur ; chacun sert Dieu à sa manière. Ils croient le monde éternel : ils adorent un Dieu créateur, & quelques esprits subalternes. Les uns croient l'ame immortelle, &, par une juste conséquence, ils admettent des peines & des récompenses après la vie. D'autres n'attribuent l'immortalité qu'à l'ame des justes, & croient que celle des méchans périt avec le corps. Le *Bova*, le *Chova*, les Mandarins & tous les Lettrés professent cette religion. Autrefois le droit de sacrifier au Dieu du Ciel appartenoit au Roi seul ; dans la suite les *Chovas* ont usurpé cette importante fonction. Ils offrent de tems en tems des sacrifices dans leur palais, sur-tout pendant les calamités qui affligent l'état.

La seconde secte en vogue au Tonquin, est celle de *Foé*, dont je vous ai déjà entretenue. C'est la religion du peuple, des femmes & des eunuques. Les sectateurs de ce culte adorent une foule d'idoles : ils ont des temples & quelques prêtres pour les desservir. Ces temples ne sont que de simples appentis ouverts de tous les côtés : leur forme est pour l'ordinaire un quarré long. On n'y voit point d'autel : quelques idoles suspendues au milieu du faîte, ou posées sur des planches, font tout l'ornement de ces édifices grossiers. Leur sol est ordinairement élevé de quelques pieds pour les garantir de l'inondation. On y monte par des degrés qui règnent tout autour.

La religion de *Foé* se sous-divise ici en plusieurs sectes, dont la plus considérable est celle de *Lanzo*. Ses partisans font profession ouverte de magie, & se sont acquis une grande autorité parmi le peuple; ils se mêlent principalement d'annoncer l'avenir : leurs prédictions passent pour des oracles. On distingue plusieurs classes de ces devins. Les uns s'appellent *Thaybou* : on les consulte particulièrement sur les mariages, sur les bâtimens, & sur d'autres entreprises de même nature. Tous les devins de cette classe sont aveugles.

Les *Tay-bou-to-ni* font une autre espèce de magiciens auxquels on a recours dans les maladies. On leur attribue auſſi le pouvoir de chaſſer les eſprits mal-faiſans. Lorſ-qu'un malade les conſulte, ils ne manquent jamais de répondre que la maladie vient du diable, ou de quelques dieux de l'eau ; leur remède ordinaire eſt le bruit des timbales, des baſſins & des trompettes. Le conjurateur eſt vêtu d'une manière bizarre, chante fort haut, prononce au bruit des inſtrumens différens mots qu'on entend d'autant moins, qu'il tient lui-même à la main une petite cloche qu'il fait ſonner ſans relâche. Il s'agite, il ſaute ; & comme on n'a recours à ces imposteurs qu'à l'extrémité du mal, ils continuent cet exercice jusqu'au moment où le sort du malade se déclare pour la vie ou pour la mort; il ne leur est pas difficile alors de conformer leur oracle aux circonstances.

Les devins qu'on appelle *Thay-de-lis*, sont consultés sur le choix des lieux les plus favorables pour enterrer les morts. Ce choix est d'une grande importance pour les Tonquinois qui regardent les devoirs funèbres comme un acte essentiel de religion. Quelque secte qu'ils professent, ils ont à cet égard beaucoup de foiblesses superstitieuses, dont les grands ne sont pas plus exempts que le peuple. Ceux qui admettent un état futur, croyent que les ames, au sortir du corps, deviennent autant de génies, nuisibles ou propices aux hommes, suivant le soin qu'on a de pourvoir à leur subsistance. Si leur famille les assiste, elles vivent dans une délicieuse aisance, & elles ne font aucun mal. Si on néglige de les secourir, elles errent dans le monde; elles sont sujettes à toutes sortes de besoins, & pour se procurer les secours qui leur manquent, elles se trouvent souvent réduites à tourmenter les vivans.

Les Tonquinois observent avec une attention superstitieuse le jour & l'heure du décès de leurs proches. Si une perſonne expire le même jour & à la même heure que ſon père, ou quelqu'un de ſes plus proches parens eſt né, on regarde cela comme un préſage très-funeſte pour ſes héritiers : on ſe garde bien alors d'inhumer au haſard le corps du défunt. On conſulte les devins touchant le lieu & le jour de la ſépulture. Quelquefois deux ou trois ans ſe paſſent avant qu'on ait obtenu des réponſes préciſes, & les éclairciſſemens qu'on exige. Pendant ce tems le corps enfermé dans un cercueil, reſte en dépôt dans un lieu particulier de la maiſon. Plus les funérailles ſont différées, plus leur dépenſe augmente. Car les plus proches parens du mort fon obligés d'offrir trois fois le jour fur fon cercueil plufieurs fortes de viandes, d'entretenir au même lieu des flambeaux & des lampes qui brûlent continuellement, de jetter dans un brafier différens parfums & plufieurs figures de papier doré, repréfentant des chevaux, des éléphans & d'autres chofes qu'on cioit pouvoir fervir à l'ufage d'un mort. Un devoir indifpenfable oblige les autres parens à venir fe profterner plufieurs fois le jour devant le cercueil, avec des lamentations & des cérémonies fort triftes. Je n'ai pas befoin de vous avertir que ces ufages ne fe pratiquent avec une certaine rigueur, que dans les conditions opulentes. Les pauvres n'ont pas le moyen d'obferver toutes ces formalités difpendieufes; ils ne gardent leurs morts que douze ou quinze jours.

Ces peuples font fort jaloux de fe procurer pendant leur vie un beau cercueil, autre fantaifie dont les Chinois leur ont infpiré le goût. Les morts font revêtus de leurs plus riches habits. Dans les conditions aifées, les hommes ont fept robes les unes fur les autres, & les femmes neuf. On met dans la bouche des riches plufieurs petites pièces d'or & d'argent, avec de la femence de perles, & dans la bouche des pauvres des pièces de cuivre & d'autres bagatelles. On croit par-là garantir les morts de l'indigence dans l'autre monde, & mettre les vivans à l'abri de leurs persécutions.

On n'emploie point de clous dans la construction des cercueils : ce seroit commettre une espèce d'attentat envers les morts; mais les planches s'unissent & se calfatent avec un ciment très-précieux.

Lorsque le lieu de la sépulture est arrêté, on y porte le défunt avec des cérémonies très-lugubres. Les fils l'accompagnent, vêtus de grosses robes de toile grise, le corps incliné, ayant à la main un bâton sur lequel ils s'appuient, comme des gens que la douleur accable. Les femmes & les filles ont la tête couverte d'un voile de même étoffe & de même couleur, qui les dérobe aux regards de tout le monde. Elles font retentir l'air de leurs cris & de leurs gémiſſemens. Dans le cours de la marche, l'aîné des fils ſe proſterne pluſieurs fois devant le cercueil, & le laiſſe paſſer ſur ſon corps ; ce qu'on regarde ici comme un acte éclatant de piété filiale. Lorſqu'il ſe relève, il pouſſe des deux mains le cercueil en arrière, comme pour rappeler ſon père à la vie. Le reſte des funérailles n'a preſque rien qui diffère du cérémonial chinois. Le deuil eſt auſſi le même, ſoit pour la durée, ſoit pour la forme des habillemens.

Pendant le cours du deuil, on cé

lébre quatre fois l'an, la fête des morts. Ces tems font fixés aux mois de Mai, de Juin, de Juillet & de Septembre. Mais le facrifice qui fe fait à l'expiration des trois ans, eft le plus magnifique, & jette les Tonquinois dans une dépenfe qui ruine quelquefois leur fortune. Voilà, Madame, tout ce que ce royaume a pu me fournir de connoiffances, après un mois d'obfervations & de courfes. Demain je pars pour aller vifiter la Cochinchine, le royaume de Camboye & la prefqu'ifle de Malaca, & l'état de Patane. Je ferai fidèle à vous adreffer tout ce qu'un voyage rapide me permettra de recueillir.

LETTRE XLIV.

De Kehué, Capitale de la Cochinchine, le 10 Mars 1782.

AUTREFOIS, Madame, la Cochinchine étoit une province de la Chine, cet Etat obéit ensuite au Tonquin; aujourd'hui, il est indépendant de l'un & de l'autre, moyennant un tribut qu'il paie aux Chinois.

La Cochinchine, qui à l'orient est baignée par la mer, a plusieurs ports très-sûrs, d'un accès facile, & si profonds, qu'on trouve partout, même aux approches du rivage, jusqu'à soixante & quatre-vingts brasses d'eau. J'ai vu le long des côtes plusieurs isles soumises aux Cochinchinois. On les nomme *Kondore*. Leur situation se trouve au huitième degré de latitude septentrionale. La plus considérable a quinze lieues de long, sur neuf de large: ces isles produisent beaucoup d'arbres utiles, entr'autres, l'arbre appellé *Damar*, dont on tire une sorte de térébenthine. On y recueille aussi quantité de fruits, comme le *Mangoès* qui est une espèce de raisin, la noix muscade & le coco sauvage. J'y ai remarqué des coquillages de toute espèce, & sur-tout des tortues dont les habitans tirent une huile qu'ils vendent dans le continent.

Sur la fin du dernier siècle, les

Anglois entreprirent d'établir une colonie dans les isles de Kondore, & bâtirent une forteresse qu'ils environnèrent d'une palissade. L'ouvrage n'étoit construit que de terre, & l'on y plaça quelques batteries pour le défendre. Mais cet établissement fut renversé par la trahison de quelques soldats Macassarois que les Anglois avoient à leur service. Ces traîtres ayant mis le feu à la forteresse, surprirent les Anglois pendant leur sommeil & les égorgèrent.

La Cochinchine est un pays très-fertile en riz. Les inondations réglées qui arrivent tous les ans vers le milieu de l'automne contribuent principalement à cette abondance.

Elles submergent le pays pendant deux mois, & y laissent un limon qui engraisse les campagnes. Dans cette saison on ne peut voyager qu'en barques, & l'on ne seroit point en sûreté dans les maisons, si elles n'étoient toutes élevées sur des piliers, qui laissent aux eaux un libre passage.

On trouve dans cette contrée des carrières de marbre, des mines de fer & même d'or. Mais sa principale richesse consiste dans le poivre & dans la soie. Cette dernière marchandise est si commune, qu'on l'emploie pour les filets des pêcheurs, & pour les cordages des navires. Le sucre est ici très-abondant, & ne vaut communément que deux sols la livre; on en transporte beaucoup au Japon. Ce pays produit aussi plusieurs bois odoriférans & précieux, comme le bois d'Aigle & de Calambak. On y trouve du thé, mais d'une qualité médiocre, du *Pinang*, du bétel & d'autres drogues.

Il croît dans la Cochinchine une espèce d'arbre dont les fruits ressemblent à de gros sacs remplis de châtaignes. Un seul de ces sacs fait la charge d'un homme. Aussi la providence ne les a-t-elle pas fait sortir des branches qui n'auroient pas la force de les soutenir, mais du tronc même. Le sac est une peau fort épaisse dans laquelle on trouve quelquefois cinq cens châtaignes plus grosses que les nôtres. Mais ce qu'elles ont de meilleur est une peau blanche & savoureuse qu'on tire de la châtaigne avant que de la cuire.

On voit à la Cochinchine les mêmes animaux qu'au Tonquin, des singes, des bufles, des bœufs, des chevaux, des tigres & des éléphans. Les dents d'éléphant sont un des principaux revenus du Prince. Les tortues de terre sont très-communes dans ce pays.

J'ai oublié de vous dire que près des isles *Kondore*, sont des écueils dangereux, connus sous le nom de *Paracelles*, & que le Roi y envoye chaque année des bâtimens chargés d'y recueillir pour son compte les débris de tous les naufrages.

LETTRE XLV.

De Kehué, le 15 Mars 1781.

LE Monarque de ces lieux, Madame, règne en despote, & commande à des esclaves. Les biens, la liberté & la vie de ses sujets sont entre ses mains; nul citoyen ne peut l'approcher de plus de quatre-vingts pas; ses ministres seuls & ses officiers peuvent l'aborder, & s'il se montre en public, ce qui n'arrive que très-rarement, tout le monde se prosterne, & personne n'ose lever les yeux jusqu'à lui.

Les six provinces qui composent ce royaume, sont gouvernées par des Mandarins & divers tribunaux de justice. Les malversations seroient punies de mort, si les plaintes des peuples pouvoient parvenir jusqu'au souverain. Les loix contre les crimes sont rigoureuses, & les châtimens cruels, mais on se rachète du supplice pour de l'argent. Les eunuques sont en grand nombre dans ce pays, parce que les fautes légères sont punies par la mutilation, & qu'ils sont les seuls qui puissent être attachés au service du serrail. Je ne vous fera point, Madame, la description de ce palais. Dans les lieux où les arts sont peu connus, l'architecture est négligée. On voit ici de vastes bâtimens de terre ou de bois qui environnent de grandes cours; & comme le Prince redoute ses sujets autant qu'il en est craint lui-même, ses appartemens sont toujours entourés d'une garde nombreuse & de beaucoup de canons. Lorsque ce Prince est en guerre avec ses voisins, tous ses peuples sont obligés de marcher sous ses drapeaux. Les impôts qu'il tire d'eux, se paient en denrées & se portent dans ses magasins. D'autres lui fournissent des chevaux, des vaisseaux & des esclaves.

La religion est ici la même qu'au Tonquin : on y trouve des Athées, des Déistes & des Idolâtres. Ces derniers sont les plus nombreux, mais les plus pauvres. Leurs temples se ressentent de leur misère, & tombent en ruine ; ils les construisent

LA COCHINCHINE. 95
la hâte pour leurs sacrifices, & après la cérémonie, ils les convertissent ou en écuries, ou en cabarets. Des missionnaires ont prêché notre religion dans ce royaume, & y ont fait des progrès. Comme les habitans y ont de la douceur & de l'humanité, ils ont peu d'éloignement pour une loi qui ordonne la pratique de ces deux vertus. Ils en ont davantage pour le précepte de la chasteté, car ils sont extrêmement voluptueux, & les courtisannes abondent dans ce pays. La continence ne fut & ne sera jamais la vertu des Orientaux. L'air qu'ils respirent la leur rend presqu'impossible Les Cochinchinois vivent d'ailleurs très-sobrement & ne se

nourrissent guère que de riz & de poisson. Ces denrées s'y vendent à vil prix; pour un sol, un homme achète sa subsistance d'un jour, & pour moins encore, les faveurs de l'amour.

Crainte du feu, le peuple ne fait point la cuisine dans les maisons, mais au bord des rivières sur lesquelles la plupart des villes sont bâties. Si-tôt qu'un certain vent de mer commence a souffler, un homme fait la ronde sur le rivage, avec une espèce de tambour, pour avertir d'éteindre le feu. Ces précautions sont d'autant plus nécessaires, que les maisons sont très-combustibles. Les murs sont de cannes, les fenêtres de papier,

pier, les toîts de paille, les planchers couverts de nattes, & les appartemens formés par des paravens. Ces habitations ne sont ni alignées, ni distribuées avec ordre. Tantôt pressées, tantôt éparses, elles ont l'air d'avoir été jettées au hasard. Quelques-unes ont deux étages; la plupart n'ont que le rez de-chaussée. Tout cela, Madame, vous annonce peu de luxe: on n'en a ici aucune idée. L'or & l'argent y sont très-rares. Un homme est riche & cité pour son opulence, quand il possède cinq ou six cens livres.

Les Chinois, établis à la Cochinchine, y font presque seuls tout le commerce. L'extrême paresse des naturels du pays les rend incapables d'application. Les jours de fêtes, ils s'assemblent dans les places publiques, se rangent en cercle sur des nattes, & chacun y mange le dîné qu'il a apporté. Pendant ce tems là, des baladins jouent des farces qui amusent le peuple. Les Cochinchinois aiment à se régaler entr'eux, & ne se font aucun scrupule, comme la plûpart des autres Indiens, de se nourrir de la chair des animaux. Aussi ne le cèdent-ils à aucun peuple de l'Asie pour le choix, ni pour la préparation des viandes, & leurs festins sont toujours accompagnés de jeux, de comédies & de musique.

LETTRE XLVI.

De Camboye, Capitale du Royaume de ce nom, le 27 Mars 1782.

Camboye, Madame, est la seule ville du royaume de ce nom, qui mérite quelqu'attention. Pour la mettre à couvert des débordemens, on l'a bâtie sur une grande chaussée, où elle ne forme qu'une rue sur le rivage du *Mécon*. C'est le nom d'une grande rivière qui traverse tout cet état, & dont les inondations périodiques fertilisent les terres. Le Prince fait ici sa résidence dans un palais fort simple, environné de palissades, & fortifié de quelques pièces de canon. La ville est habitée par différentes nations qui y vivent dans une licence extrême. Les Portugais eux-mêmes y épousent plusieurs femmes, & n'observent de notre religion que ce qui ne s'oppose ni à leurs intérêts, ni à leurs plaisirs.

J'ai vu hier un temple d'une structure & d'un goût particulier : il est soutenu par des colonnes de bois noir vernissé, avec des reliefs & des feuilles d'or : le pavé même en est précieux ; & pour le conserver, on le couvre avec des nattes.

On distingue dans ce royaume des Grands de différentes classes, qui ont chacun leur rang à la cour, mais qui, le plus souvent, n'y exercent aucune fonction. On les connoît par une boîte d'or qu'ils font porter après eux, comme nos femmes de condition leurs facs d'églife; c'eft une marque d'honneur attachée aux premières charges. Les Seigneurs de la feconde claffe ne peuvent avoir que des boîtes d'argent. Ces boîtes fervent à ferrer le bétel, l'areka, & autres drogues qu'ils mâchent continuellement. Quand ils paroiffent devant le roi pour faire leur cour, ou pour affifter au confeil, ils fe placent en demi-cercle. Le premier rang eft occupé par les Grands de la première claffe. Les Seigneurs du fecond ordre fe tiennent derrière eux; les uns & les autres font toujours munis de leurs boîtes Mais il y a un ordre supérieur à tous : c'est celui des Talapoins qui desservent le temple dont je viens de vous parler ; car les autres prêtres du pays sont peu estimés ; & il n'y a guère que les gens du peuple qui embrassent cette profession. C'est, sans doute, à cause de la haute opinion qu'on a de la sainteté que doivent avoir les ecclésiastiques de la première classe, qu'il leur est défendu de se mêler comme en Europe, des affaires d'état, ni d'entrer dans le ministère. Ils ont à la vérité la confiance du maître, & vivent avec lui dans une sorte de familiarité ; mais lorsqu'il est question du gouvernement temporel, on regarde comme une espèce de sacrilége que les hommes d'église empiètent sur les droits des laïcs. On leur rend d'ailleurs tous les honneurs dus à leur caractère ; ils ont avec la prééminence du rang, tous les priviléges attachés au sacerdoce, la vénération des peuples, le respect des grands, les égards du souverain. Les Mandarins, décorés de la boîte d'or, sont seuls chargés des affaires publiques. Ils ont aussi le droit de citer les particuliers à leur tribunal, de juger les causes civiles & criminelles, de condamner à la prison & à la mort. Ils sont tout à la fois ministres & magistrats, & réunissent à l'autorité du conseil d'état le pouvoir de nos parlemens. Ils y ajoutent la puiffance militaire ; & rien ne repréfente mieux notre ancien gouvernement français, que cette adminiftration camboyenne.

Le peuple eft ici très-dévot, & par conféquent libéral envers les autels. Une robe large & ouverte forme l'habillement des hommes; les femmes en ont une plus courte qui leur ferre la taille & les bras, & portent une efpèce de jupe qui couvre le refte du corps : elles font auffi jolies qu'on peut l'être, avec un teint bafané, & auffi coquettes que peut le permettre l'extrême jaloufie des maris.

Un Roi de Camboye fe voyant menacé d'une irruption des Siamois, dont il avoit secoué le joug, implora l'assistance du Roi de la Cochinchine, & lui soumit tous ses états. Depuis ce tems les Camboyens sont restés tributaires & dépendans des Cochinchinois, peut-être plus qu'ils ne l'eussent été de leurs premiers maîtres. Quoiqu'ils aient fait long-tems partie de l'empire de Siam, ils sont bien moins superstitieux envers les animaux; ils les font mourir sans scrupule, & n'épargnent pas même les éléphans, qui sont si respectés à Siam, que quiconque ose les tuer, est traité avec la même sévérité que s'il étoit coupable d'un homicide.

Quant aux productions naturelles de ce climat, on m'a parlé d'un arbre qui ne croît que dans les forêts de Camboye, & dont on rapporte une particularité remarquable. Cet arbre produit un suc qui empoisonne le fer, & rend les blessures incurables. Si ce suc se prend en breuvage, il perd sa qualité vénéneuse, & répare les forces des personnes fatiguées. Les chasseurs le reçoivent sur des feuilles, en faisant une incision à l'arbre; mais s'il en tomboit une goutte sur une plaie, elle deviendroit mortelle; car on ne connoît point d'antidote contre un pareil venin.

LETTRE XLVII.

De Malaca, le 15 Avril 1782.

LA ville de Malaca, Madame, fut conquise par Alphonse d'Albuquerque, dans un tems où elle étoit une des plus florissantes de l'Asie par l'étendue de son commerce. Toutes les marchandises de la Chine, du Japon, des Molucques, du Bengale & du Golfe Persique, venoient débarquer dans son port; & elle envoyoit au dehors des colonies nombreuses, qui répandoient sa gloire & ses richesses en diverses contrées. Sa langue même passoit pour la plus belle de toutes celles qui se parloient dans les Indes. Les

nations polies s'empressoient de l'apprendre ; & elle est encore aussi répandue dans l'orient, que le françois l'est en Europe. C'est tout ce qui reste à cette ville fameuse, de son ancienne célébrité. Devenue la conquête des Portugais, elle fut éclairée des lumières de l'évangile ; & tandis que Xavier y bâtissoit des églises au vrai Dieu, & un collége pour ses Confrères, ses nouveaux maîtres tiroient sur les navires étrangers des exactions qui éloignoient de ses ports les nations Asiatiques. Les Hollandois s'en emparèrent encore, selon leur coutume, & d'un seul coup ils abolirent la domination portugaise, la religion catholique &
le

le commerce. L'églife, où a prêché S. Xavier, fert aujourd'hui de temple aux Proteftans, comme fon collége leur fert de magafin. Tous les ans ils célèbrent l'anniverfaire de leur conquête; & par-tout où l'on jette les yeux, on voit l'héréfie triompher fur les débris de la religion romaine. On permet aux Idolâtres & aux Mahométans de bâtir des pagodes & des mofquées. Les catholiques ne peuvent avoir ni chapelle, ni oratoire, ni aucun monument public de leur culte. Tel eft l'état actuel de cette ville dont les Hollandois ont porté le principal commerce à Batavia, aujourd'hui la plus importante de leurs colonies dans les Indes. La prefqu'ifle, dont Malaca est la capitale, est divisée en plusieurs petits états. Les peuples qui habitent l'intérieur du pays, se tiennent dans les bois & sur des rochers inaccessibles, ne vivent que des fruits ou des animaux de leurs forêts, & abandonnent la culture des terres aux Chinois qui ont établi une colonie florissante dans ces quartiers. Les Malais, barbares & sauvages, aiment les Européens, à cause de leur blancheur, & dès qu'ils les voient arriver sur leurs côtes, ils vont leur offrir leurs filles & leurs femmes pour avoir des enfans qui leur ressemblent. Leur religion est la Mahométane avec quelque mélange d'idolâtrie. Ils sont tout à la fois dévots & vicieux, & allient le vol, l'injustice, & l'impureté au culte le plus rigoureux.

LETTRE XLVIII.

De Patane, le 30 Avril 1782.

CE petit royaume, Madame, faisoit autrefois partie de celui de Siam; aujourd'hui il n'en est que tributaire. Les habitans sont un mélange de diverses nations. Les Chinois y font le principal commerce; les Siamois cultivent les terres; les naturels du pays vivent dans l'indolence & la pauvreté. Ils abhorrent le vin & l'arak, se soucient fort peu de la bonne chère, mais ils aiment les femmes à l'excès. Ils les préfèrent à tout le reste; aussi en ont-ils cinq ou six de légitimes & autant de concubines. La simple fornication n'est point regardée comme un crime, mais ils punissent sévèrement l'adultère. Ce sont les parens des époux qui se chargent de l'exécution : on laisse le genre de mort au choix du coupable.

Il se fait dans ce pays un grand commerce de ces nids d'oiseaux dont les Orientaux font un mets délicat, & qui se vendent principalement à la Chine pour les tables des Mandarins. On trouve dans la plus grande abondance ce qu'il y a de plus recherché en fruits, en gibier & en volaille. Les paons sur-tout y sont très-communs ; & l'on emploie les plumes de leur queue à orner les viandes qui se servent sur la table des Grands.

Le tribut que paie le roi de Patane aux Siamois, est une fleur d'or & quelques habits d'écarlate ou de velours. Cet état n'a d'ailleurs rien, soit pour les habitations, soit pour les production naturelles, soit même en général pour les mœurs & les caractères des peuples, qui le distingue des autres souverainetés voisines.

LETTRE XLIX.

De Siam, le premier Mai 1782.

ON parle encore ici, Madame, avec plaisir, de la magnifique ambassade qu'y envoya Louis XIV. Ce qui s'y passa de plus remarquable s'est transmis de bouche en bouche, & ces récits perpétuent dans le cœur des habitans leur ancienne affection pour les François. Je dois à cette qualité l'accueil que j'y reçois de toutes parts. Je dois sur-tout à un savant Missionnaire avec lequel j'ai déjà voyagé & que j'ai retrouvé dans ce pays, l'avantage d'y avoir fait des connoissances agréables.

SIAM.

Ce royaume est le plus célèbre de toutes les Indes. Les Siamois en font remonter l'origine à plus de cinq cens ans avant J. C., & comme presque tous les autres peuples, ils placent au rang des Dieux leur premier législateur. Cet homme, si on les croit, a fait des choses extraordinaires. Premièrement, il a abdiqué la couronne pour se faire hermite : cela a eu des imitateurs. Mais ce qui est sans exemple, c'est son excessive charité. N'ayant rien à donner à un pauvre qui lui demandoit l'aumône, il s'arracha un œil & le lui mit dans la main. Ce qu'on raconte de sa frugalité, n'est pas moins étonnant. Il ne mangeoit d'abord qu'une poignée de riz par jour, & il finit par se contenter d'un seul grain par jour. En voilà plus qu'il n'en faut pour mériter des autels, même chez les peuples qui se disent éclairés. Cet homme singulier devoit, malgré cette abstinence, être d'une taille gigantesque ; car on m'a fait voir sur un rocher la trace de son pied, qui a une coudée de long, & treize ou quatorze pouces de profondeur. Ce monument est couvert d'une lame d'or. Dans certaines solemnités on expose aux yeux du peuple ces sacrés vestiges, & le Roi va les adorer une fois par an.

Ce qu'on peut dire de plus raisonnable sur l'origine de cette monarchie, c'est qu'elle a commencé avec le tems de la première excursion des Arabes dans les Indes, & il est vaisemblable qu'elle doit sa naissance à l'irruption de ces Barbares. Ce n'est du moins que depuis cette époque, que l'on trouve une suite chronologique des Princes qui ont gouverné cet Empire. Un d'eux bâtit dans le quatorzième siècle, la ville de *Juthia*, qui en est la capitale, & que les Portugais ont appelée *Siam*, du nom du royaume.

Il est peu d'états qui aient essuyé en si peu de tems, plus de révolutions que celui-ci. La première, qui arriva vers le milieu du seizième siècle, fut l'ouvrage d'une Reine galante. Dans l'absence du

Roi son époux, elle conçut de l'amour pour un officier de sa maison, & devint mère. Pour empêcher que son infidélité n'éclatât, elle forma & exécuta le projet d'empoisonner son mari. Elle avoit un fils âgé de neuf ans, qui étoit trop jeune pour prendre en main les rênes de l'empire. Sa mère, dont on ignoroit les attentats, fut déclarée régente. Malgré les précautions qu'elle avoit prises pour accoucher secrètement, son crime devint public. Dans la crainte que son fils ne vengeât un jour la mort de son père, dont on découvrit qu'elle étoit coupable, elle le fit égorger, & mit sur le trône l'objet de ses criminelles amours ; mais ses sujets, lassés de tant de crimes, la massacrèrent dans un festin avec son favori, & mirent sur le trône vacant, un autre prince du sang royal.

A peine le nouveau Monarque commençoit à régner, qu'un Roi voisin résolut d'envahir ses états, ou de les rendre ses tributaires. Il prit pour prétexte de cette guerre le refus que lui fit le Roi de Siam de lui envoyer l'éléphant blanc qu'il avoit en sa possession. L'ennemi le mit en campagne, se rendit maître de la capitale ; & le Roi de Siam, craignant de tomber vif entre les mains du vainqueur, se donna la mort dans son palais. Il laissa des successeurs, parmi lesquels il y en eut un qui fut condamné à perdre la vie par ses propres sujets. C'étoit à la vérité un prince vicieux, & qui avoit contre lui un ministre assez puissant pour le supplanter. Cette révolution concourt précisément avec le tems où les Anglois conduisoient Charles I sur un échafaud ; mais les Siamois n'étoient encore que des barbares, & les Anglois se vantoient de ne plus l'être.

Le père du Monarque, qui fit aux François un accueil si favorable, ne régna que par une usurpation qu'on doit mettre au rang des révolutions de Siam. Il épousa, malgré elle, la sœur de l'héritier de la couronne, & se fit reconnoître pour Roi. Son fils, *Chaou-Naraie*, ne monta lui-même fur le trône que par une autre révolution. Il tua de fa propre main le frère de fon père, qui s'étoit emparé de la puiffance fouveraine, & fignala le commencement de fon règne par une action de vigueur.

Un jour qu'il devoit aller au temple, il apprit que les *Talapoins*, qui font les prêtres du pays, avoient projetté de le maffacrer; en effet, la pagode en étoit remplie, & ils avoient tous des armes cachées fous leurs robes. Le prince, qui en fut inftruit, ordonna qu'on inveftît le temple : & ayant des preuves certaines que ces fcélérats avoient confpiré contre fes jours, il les fit tous égorger par ses soldats.

Les liaisons de ce monarque avec Louis XIV, & l'établissement des François à Siam, sont des circonstances de son règne qui intéressent notre nation. Les premières sont l'ouvrage d'un aventurier, qui, de mousse de vaisseau, étoit devenu premier ministre; il se nommoit *Constance* ou *Constantin Phaulkon*. Il étoit Grec, & natif de Céphalonie : à douze ans il avoit quitté son pays, & s'étoit embarqué sur un navire qui l'avoit conduit en Angleterre; désespérant d'y faire fortune, il passa aux Indes, & devint par degrés Capitaine de vaisseau. Il alla à la Chine & au

Japon, où il trafiqua pour le compte des marchands; mais ayant fait naufrage fur les côtes de Siam, il entra au fervice du Surintendant des finances; il montra tant d'intellignce pour les affaires, qu'il gagna la confiance du miniftre, & les bonnes graces du fouverain. Après la mort de fon protecteur, Phaulkon le remplaça dans toutes fes charges, & bientôt après on le fit Grand-Maître de la maifon du Roi, & principal miniftre du Royaume, peut-être porta-t-il fes vues jufqu'au trône. L'extrême pouvoir dont il étoit revêtu, & la mauvaife fanté du Roi, qui n'avoit point d'enfans mâles, pouvoient flatter fes efpérances; il fut du moins accufé d'y avoir afpiré, & l'on attribue cette ambition à fes liaifons avec la France. Il engagea fon maître à rechercher l'amitié de Louis XIV, & lui fit entendre que cette alliance lui feroit utile, foit pour faire fleurir le commerce dans fes états, foit pour y amener les arts, & policer fes fujets.

En conféquence de fes confeils, le Roi de Siam envoya en France deux Mandarins, fous la conduite d'un Prêtre des miffions étrangères, établi dans fon Royaume depuis quelques années, & avec lequel le miniftre Conftance avoit des liaifons fort étroites : d'un autre côté, les commerçans & les missionnaires françois trompoient la cour de Versailles par des espérances plus brillantes que solides. Les premiers exagéroient les avantages de ce pays, & ne parloient de ses richesses qu'avec enthousiasme; les autres assuroient que le Royaume entier, à l'exemple du maître, étoit disposé à embrasser le Christianisme. Sur de si belles promesses, Louis XIV y envoya le Chevalier de Chaumont en qualité d'Ambassadeur. Cette nouvelle causa une joie extrême au Roi de Siam, & plus encore à son Ministre. La réception se fit avec un éclat & des distinctions qui méritent que je vous en rapporte quelques circonstances.

Depuis son entrée dans le Royaume, jusqu'à son arrivée dans la capitale, M. l'Ambassadeur n'occupa que des hôtels bâtis exprès, richement meublés, éloignés de cinq lieues les uns des autres. Tous les meubles en étoient neufs, & de la plus grande richesse. Dans tous les lieux de son passage, on lui fit les mêmes honneurs que l'on rend au Roi. Il ne resta personne dans les maisons : chacun voulut se trouver sur sa route, se tenant prosterné, & ayant les mains jointes, sans qu'on entendît cracher, tousser, ni parler. On faisoit la garde pendant la nuit auprès des maisons où il couchoit, & il y avoit des feux allumés tout autour. Les Députés de plus de quarante nations établies à Siam, vinrent le complimenter. Ils étoient tous habillés à la mode de leur pays, ce qui faisoit un effet agréable. Le Séminaire de Siam vint le saluer à son tour. On voit des Prêtres vénérables par leur grande barbe, tous en habit long, & avec une modestie édifiante. Les uns étoient dans les ordres, les autres aspiroient à y entrer. Les plus grands seigneurs du Royaume formoient le cortège de M. l'Ambassadeur. Vous n'attendez de moi, Madame, aucun de ces détails, si agréablement écrits dans les mémoires de l'Abbé de Choisi ; il suffit de dire que le Roi voulut qu'on passât dans cette occasion par-dessus les usages qu'on avoit observés jusqu'alors à la réception des autres Ambassadeurs ; il eut, à proportion, les mêmes égards pour tous les François, & les traita avec une familiarité peu commune chez les Monarques de l'Orient.

Des préférences si marquées pour une nation étrangère, excitèrent la jalousie, & l'on s'en prit au Ministre, qui sans doute avoit des raisons pour se l'attacher. On voulut persuader au Roi de Siam que le Grec Phaulkon, d'intelligence avec les François, conspiroit contre l'état. Le Monarque fut incrédule, & continua de donner toute sa confiance à son Ministre. Un seul Siamois partageoit cette faveur ; il se nommoit *Pitrarcha* : sa mère avoit été la nourrice du Roi, & sa sœur la maîtresse de ce Prince. Il mit dans ses intérêts les grands, les prêtres & le peuple, & forma une ligue contre le Ministre favori. Phaulkon, qui avoit des espions dans tous les ordres de l'état, en fut informé de bonne heure ; mais il ne trouva pas dans les François autant de zèle qu'il leur en avoit supposé. Pitrarcha craignant que ses desseins ne fussent découverts, en pressa l'exécution. Il assembla autour de sa personne tous ses amis, fit environner le palais d'hommes armés. Le grand Pontife de la cour étoit à leur tête, porté sur les épaules de six esclaves, & exhortant tout le monde du geste & de la voix. Phaulkon, averti de ces mouvemens, arriva en diligence; mais à peine fut-il entré dans le palais, que Pitrarcha l'arrêta & le fit conduire en prison ; & quelques jours après, ayant péri sous le fer du bourreau, son corps fut jetté aux chiens, qui le dévorèrent pendant la nuit. Le rébelle, qui commençoit à agir en souverain, prit le titre d'*Administrateur du Royaume*. Chaou-Naraie ne fit plus que traîner une vie languissante, & mourut au mois de Juillet de l'année 1688. Pitrarcha, qui s'étoit défait de tous les Princes du sang, après dix jours de deuil, se rendit à la grande pagode avec les ornemens de la royauté, & se fit ensuite couronner dans la capitale. Telle fut la fin de ces troubles, que les Siamois appellent encore aujourd'hui *la tracasserie des François*.

Après cette digression, que vous pourrez ne pas trouver déplacée, je reviens, Madame, aux premiers jours de notre arrivée dans ce Royaume. Le 24 Mai nous apperçûmes l'embouchure de la rivière de Siam; le lendemain nous allâmes mouiller à trois lieues de la Barre : on appelle ainsi un banc de vase qui reste presque toujours à découvert. Rien n'est plus agréable que le rivage de ce fleuve, appelé *Ménan*, qui forme, en serpentant, un grand nombre d'ifles, & fe divife en une infinité de branches. Il eft orné des deux côtés de grands arbres toujours verds; & au-delà, font de vaftes campagnes couvertes de riz. Comme ces terres font extrémement baffes, elles font inondées pendant la moitié de l'année, & cette rivière a fes débordemens réglés comme le Nil. Les effets en font fi heureux, que le riz croît à mefure que les eaux s'élèvent, de manière que les épis ne font jamais fubmergés; ce qui n'arrive pas en Egypte, où les inondations trop fortes font périr les moiffons. Quand le grain eft mûr, les Siamois vont en bateaux faire la récolte, ils ne coupent

pent que les épis & laissent la paille. Lorsque le débordement tire à sa fin, le Roi se rend sur le fleuve dans une gondole, non pour épouser, comme à Venise, un élément infidèle, & usurper sur lui une domination fastueuse, mais pour le prier modestement d'abandonner la plaine, & de rentrer dans son ancien lit. Pendant la cérémonie, le peuple, à qui les prêtres font croire qu'il n'y a que le Roi qui puisse arrêter le cours des eaux, demeure prosterné sur le rivage, ne pouvant assez admirer la puissance du monarque.

Après avoir quitté notre vaisseau, nous montâmes la rivière sur un ballon, espèce de bateau fort commun à Siam. On en voit de grands qui font couverts comme des maifons. Ils fervent de logemens à des familles entières ; & fe joignant plufieurs enfemble, ils forment en divers endroits comme des villages flottans.

Bankok eft la première vil'e que nous rencontrâmes en remontant le Menan. Cette place eft importante par fa fituation ; elle défend le paffage du fleuve : c'eft la clef du Royaume du côté de la mer. Le territoire de Bankok eft un jardin continuel, planté d'arbres fruitiers, qui font la principale richeffe de ce canton. Ses fruits fe vendent avantageufement dans la capitale qui n'en eft pas éloignée. La nuit, qui nous furprit, nous donna, l'agréable fpectacle d'une multitude innombrable de mouches luifantes, dont tous les arbres qui bordent la rivière font couverts: vous les prendriez pour autant de luftres chargés d'un million de lumières, que la réflexion de l'eau multiplie étonnamment.

Depuis Bankok jufqu'à Siam, la rivière eft bordée d'une infinité de villages dont les maifons compofées de bambou, font élevées fur de hauts piliers pour les garantir de l'inondation. Près de chaque village eft un marché dans lequel ceux qui defcendent ou qui montent le fleuve, trouvent toujours leur repas prêt; c'eft-à-dire, du fruit, du riz cuit, du poisson, & divers ragoûts à la siamoise.

Arrivé à Siam, mon premier soin fut de m'assurer d'un logement. Le Missionnaire me trouva une chambre dans la maison d'un de ses amis, qui m'obligea d'accepter sa table & un esclave pour me servir. Libre de tout embarras, je ne songeai plus qu'à satisfaire ma curiosité. La situation & les édifices de la capitale furent les premiers objets de mon attention.

Siam est une des plus grandes villes des Indes, si l'on ne considère que l'enceinte de ses murs ; mais à peine la sixième partie de cet espace est-elle habitée. Le reste est désert, ou ne contient que des temples. Le terrein sur lequel elle est bâtie, est coupé par une infinité de canaux ou de bras du Menan, qui la partagent en plusieurs isles. Elle est fermée par une muraille de briques, dans laquelle on a ouvert des arcades qui donnent passage à la rivière, & favorisent l'entrée & la sortie des barques : elles se dispersent dans toutes les rues ; & la commodité qu'elles donnent pour le transport des marchandises, qui passent tout de suite de la mer dans les magasins, jointe aux autres avantages du Royaume, y attire des négocians de toutes les parties du monde. Le long de chaque canal on a fait des quais qui forment des rues bien alignées, & plantées d'arbres dans quelques endroits; mais si pleines de boue, qu'elles sont à peine praticables. On voit, dans le tems du débordement, une ville, une forêt & une mer tout ensemble. Quoique les places publiques soient inondées, on ne laisse pas d'y tenir marché ; le peuple s'y assemble sur des canots.

Dans une ville située, pour ainsi dire, au milieu des eaux, comme Venise, il a été nécessaire de bâtir un grand nombre de ponts; il y en a quelques-uns de briques ; la plûpart sont faits de planches, ou de roseaux entrelacés & si peu assurés, que je n'y passe qu'en tremblant. Les maisons sont basses &

construites de bois, du moins celles des naturels du pays, que cette sorte d'édifice laisse exposés à toutes les incommodités d'une chaleur excessive. Des claies de bambou forment le contour de ces habitations légères. Dans les quartiers sujets à l'inondation, on les élève sur des piliers ; l'escalier pend en dehors comme les échelles de nos moulins. Une corbeille remplie de terre, & soutenue sur trois bâtons, sert de foyer. Quelques heures suffisent pour construire ou pour renverser ces édifices fragiles, & une ville comme Sram peut être bâtie en fort peu de jours. Les étrangers, tels que les Mogols, les Chinois, les Européens, ont de petites loges, longues de huit pieds, larges de quatre, hautes de douze, bâties de pierres ou de briques, & partagées en deux étages. Il y en a qui posèdent des habitatious plus spacieuses & plus commodes. Les grands officiers de la cour ont des maisons de menuiserie que vous prendriez pour de grandes armoires, où logent le mari, la femme & les enfans. Les domestiques & les esclaves ont de petits endroits séparés, mais renfermés dans la même enceinte, & qui composent autant de ménages différens.

Chaque peuple ici a son quartier séparé par les canaux de la rivière. Par-là on évite les querelles qu'excite souvent le mêlange des nations. Chacune a son chef qui répond d'elle, & son protecteur nommé par le Roi. Les étrangers sont obligés de renouveller tous les ans à ce Prince le serment de fidélité, & la cérémonie en est très-solemnelle. Tous les officiers de la couronne y assistent ; & le Monarque, sur un trône d'or, tout éclatant de pierreries, reçoit le serment de chacun des chefs selon leur rang. On leur fait ensuite boire d'une eau préparée par les Talapoins, & que l'on croit formidable aux parjures. Le Prêtre tient la pointe d'une épée dans cette eau sainte, & lance plusieurs imprécations contre ceux qui ne jurent pas d'un cœur sincère, ne doutant point que l'eau ne les suffoque dans le même instant.

Mais je reviens aux édifices de cette ville. Le Palais du Roi, environné d'une double muraille de briques, a une demi-lieue de circuit. Il est divisé en plusieurs cours, & rempli d'une multitude d'édifices, dont les uns sont bâtis de pierres, & les autres de bois. Ils sont bas, n'ont qu'un étage, des escaliers étroits, de petites portes, & point de plein-pied. Il est vrai que cette inégalité est ce qui donne de la dignité aux maisons dans l'opinion des habitans. Le logement du Roi doit être plus élevé que le reste du palais. Plus une pièce est voisine de l'appartement du Monarque, & plus elle s'élève au-dessus de celle qui la suit. Il y a toujours quelques marches à monter de l'une à l'autre. Cette même inégalité se trouve dans les toîts. L'un est plus bas que l'autre, à mesure qu'il couvre une pièce plus basse. Cette succession de toîts inégaux, fait la distinction des degrés de grandeur. On remarque la même gradation dans les pagodes; le dôme le plus élevé est celui sous lequel est placée l'Idole.

Les Officiers du Prince sont logés dans les premières cours; plus loin sont des écuries spacieuses pour les éléphans; le palais du Monarque est situé dans la cour ultérieure. Son plan a la forme d'une croix, du centre de laquelle s'élève une haute pyramide à plufieurs étages, qui furmonte tout l'édifice; c'eſt un ornement attaché aux maifons royales. Le ferrail eſt contigu à l'appartement du Roi; au-delà font de vaſtes jardins plantés de palmiers, divifés en compartimens, & entrecoupés de petits ruiſſeaux qui ferpentent dans les parterres. Je ne vous parlerai point de l'intérieur du palais; perfonne ne pénètre plus loin que la falle d'audience. Cette falle n'a rien qui mérite une defcription; & en général, il n'y a point de petite maifon de financier en France, qui n'ait plus d'éclat & de magnificence

gnificence que le palais du Roi de Siam.

Les richesses du Pays se montrent principalement dans les pagodes, par la quantité d'ouvrages d'or dont elles sont ornées, par leur grandeur prodigieuse, par leur structure, & par un amas incroyable de pierreries. La forme de ces édifices est assez semblable à celle de nos églises. L'entrée en est grande, les portes en sont dorées; le dedans est peint; le jour y entre par des fenêtres étroites & longues, prises dans l'épaisseur du mur. Il y a un chœur avec des sièges de côté & d'autre, pour les Talapoins qui viennent y chanter à certaines heures destinées à la prière, le matin, le soir & à minuit. L'autel est au fond & dans le lieu le plus éloigné de la porte; on y monte par plusieurs degrés qui s'élèvent en amphithéâtre : c'est là que sont posées les idoles. Ils les encensent, les ornent de fleurs & de pierreries. Ils n'épargnent point le luminaire : on y voit par-tout des troncs, pour recevoir les aumônes; cet usage est de tous les pays. Le toît de ces pagodes est revêtu de tuiles vernissées, & quelquefois de plaques d'étain doré. Elles sont d'un jaune si vif & si éclatant, qu'à l'instant où le soleil les frappe, on les prendroit pour une couverture d'or. On les faisoit venir de la Chine; mais on a trouvé le secret d'en fabriquer à Siam; on n'en fait pourtant guère que pour le Roi, & c'est ce qui les rend excessivement chères.

Un des temples les plus célèbres de cette ville, est celui qui se voit à quelque distance du palais du Roi; il est surmonté de cinq dômes, dont celui du milieu, plus grand que tous les autres, est environné de quarante-quatre pyramides qui lui servent d'ornemens; elles sont placées avec symmétrie sur trois rangs; & dans l'enceinte qui enferme ces bâtimens, on voit d'un côté, le long des galeries, plus de quatre cens statues disposées dans un bel ordre. L'autre face est à jour & regarde le temple. Quelques-unes de ces pagodes contiennent plus de quatre mille idoles couvertes de lames d'or. Les yeux & l'imagination font ravis par l'éclat des murailles, des lambris, des piliers, & d'une infinité de figures parfaitement dorées ; elles se ressemblent toutes, & si leur grandeur n'étoit pas inégale, on les croiroit sorties du même moule. Il y en a d'une taille gigantesque, & toutes sont assises, les jambes croisées à la Siamoise. Elles font le principal ornement de chaque temple ; leur matière est un mélange de chaux & de résine, qu'on enduit d'abord d'un vernis noir, & que l'on dore ensuite. Les fauxbourgs de Siam, situés des deux côtés de la rivière, sont pour le moins aussi grands, aussi ornés de pagodes, & plus peuplés que la ville même.

LETTRE XLIX.

De Siam, le 15 Mai 1782.

CE n'eſt point ici, Madame, que le Roi fait ſa réſidence. Sa cour ordinaire ſe tient à Louvo, où je me ſuis rendu quelques jours après la date de ma dernière lettre. Son palais eſt moins ſpacieux, mais il a quelque choſe de plus riant que celui de Siam. Le Monarque qui l'habite, le plus puiſſant des Princes de la preſqu'iſle de l'Inde, jouit de toute la plénitude du pouvoir arbitraire. Il permet bien aux Grands du royaume de délibérer entr'eux sur les affaires de l'état, de lui en dire leur avis, mais il se réserve le droit de les décider, en approuvant ou en rejettant ce qu'ils ont fait. Le respect qu'il exige de ses peuples, va presque jusqu'à l'adoration; la posture où il faut être en sa présence est une espèce de culte. Aussi dans toutes ses actions, ce Prince cherche-t-il à leur faire croire qu'il est plus grand que Dieu même, & qu'il regarde toutes les puissances du monde comme fort au-dessous de la sienne. De-là, les titres fastueux qu'il prend avec emphase, de « Monarque très-il- » lustre, très - invincible, très- » puissant, très-haut, & couron-

» né de cent & une couronnes
» d'or, ornées de neuf fortes de
» pierres précieufes ; du plus grand,
» du plus pur, du plus divin maî-
» tre des ames immortelles ; de
» très-faint qui voit toutes chofes ;
» de Souverain Empereur, qui tient
» fous fes aîles le grand, le ri-
» che, l'incomparable royaume de
» Siam, la fplendeur de la belle
» & célèbre ville de Juthia, dont
» les portes & les iffues font ha-
» bitées par une infinité de peuple,
» & qui eft, fans contredit, la
» capitale de l'univers ; du plus
» grand des Rois, auquel eft fou-
» mis le plus beau & le plus fer-
» tile de tous les pays éclairés par
» le foleil ; de divin Seigneur, en

» la main duquel est l'épée victo-
» rieuse, semblable au Dieu des
» armées, au bras tout de feu ; du
» plus excellent, du plus noble de
» tous les Rois, qui fait croître &
» couler les eaux comme il lui
» plaît ; de Monarque plus grand
» Seigneur que les Dieux ; qui est
» comme le soleil au plus haut de
» son élévation ; aussi lumineux que
» la lune dans son plus grand éclat;
» d'élu de Dieu pour être estimé
» autant que l'étoile du nord ; de
» divin Maître des trônes d'or,
» dont la naissance est toute royale,
» comme étant issu d'Alexandre,
» & dont l'esprit est tout parfait,
» tout voyant, tout pénétrant ;
» semblable à un globe toujours

» roulant, & fait de manière à
» mesurer les abîmes de la mer;
» de Roi de tous les élémens, des
» blancs, des rouges, des éléphans
» à la queue ronde, à quatre dents,
» & d'autres qui sont instruits à
» la guerre, pour lesquels le Dieu
» tout-puissant lui a fait présent de
» plusieurs sortes de housses en
» broderie, & toutes semées de
» pierres précieuses; de Prince qui
» élève aux honneurs ceux qui sont
» assez heureux pour s'insinuer dans
» ses bonnes graces, & qui fait au
» contraire brûler tout vifs ceux
» qui osent se révolter contre lui;
» de Roi enfin, en qui réside le
» pouvoir de faire tout ce que Dieu
» a fait & créé ».

Il ne faut pas s'étonner après tous ces titres, si le Roi de Siam se laisse adorer. Dans le conseil même, qui dure quelquefois quatre heures, les ministres d'état & les Mandarins se tiennent sans cesse prosternés devant lui. Ils ne lui parlent qu'à genoux, les mains élevées sur la tête, faisant à tous momens de profondes inclinations, & l'honorant dans leurs discours de titres qui relèvent sa bonté ou sa puissance. On reçoit ses réponses comme des oracles, & ses ordres sont exécutés sans le moindre délai: encore ne se donnent-ils point verbalement. Un Mandarin, qui a toujours les yeux attachés sur son maître, connoît ses volontés à certains signes établis, & les explique par d'autres signes aux officiers du dehors. Les Courtisans les plus favorisés n'approchent jamais de fort près la personne de ce Prince ; c'est beaucoup quand il daigne se montrer à eux d'une des fenêtres du palais. Il ne reçoit pas autrement les Ambassadeurs, ne leur parle que du haut d'une tribune, toujours fort laconiquement, & à tous dans les mêmes termes. Quand il sort, tout le monde doit se renfermer chez soi ; personne ne passe devant son palais, & si on y entre, il faut se prosterner jusqu'à terre. Ce lieu est regardé comme sacré. Le silence le plus rigoureux doit y être observé, ainsi que dans toutes les places qui l'environnent. Quoiqu'il soit rempli d'une multitude d'officiers ou de soldats, on n'y entend pas le moindre bruit. On le prendroit pour une solitude écartée; tout ce qui s'y passe est enseveli dans le secret le plus profond. C'est un crime de s'entretenir du Roi, & même de prononcer son nom, qui, par cette raison, est connu de très-peu de personnes. Cette contrainte ne dure que pendant la vie du prince règnant. Après sa mort, il est libre à tout le monde d'en parler. Jugez, Madame, de la tristesse d'une cour, où la présence du Souverain, qui devroit la rendre plus riante, répand la gêne, le silence & la crainte. La garde est toujours sur pied. Au moindre signal, des milliers d'hommes se prosternent, lors même que le Prince ne se montre pas. Il suffit qu'on le croye caché derrière une jalousie, d'où il puisse jetter un regard sur les cours & sur les jardins. Les femmes n'entrent dans le palais, que pour y servir aux plaisirs du Monarque dans le serrail, d'où elles ne sortent jamais. Les autres n'y sont point admises. L'Officier qui est à la porte, ne l'ouvre pas, sans aller avertir le Mandarin qui commande dans la première enceinte. Ceux qui se présentent, sont désarmés & visités avec soin. On examine jusqu'à leur haleine, & s'ils ont bu de l'arak, on les renvoie, de peur que leur préfence ne fouille la majefté du lieu.

Le fervice intérieur du palais fe fait par des pages, des eunuques & des jeunes filles. Les premiers ont foin des livres, des armes & du bétel de fa majefté. Les eunuques font plus particulièrement attachés à la Reine. Les filles jouiffent feules de la liberté d'entrer familièrement dans l'appartement du Roi. Elles lui font fon lit, l'habillent, & lui préparent à manger. Il n'y a que les Orientaux qui connoiffent le prix & fentent la douceur d'un pareil fervice. Ce Prince n'a qu'une femme à qui l'on donne le titre de *Reine*. Elle a fes officiers, ses femmes pour l'accompagner, ses eunuques, ses bateaux & ses éléphans. Ses officiers ne la voient jamais. Elle ne se montre qu'à ses femmes & à ses eunuques. Celles des Mandarins dont sa cour est composée, sont prosternées devant elle, comme les hommes le font devant le Roi, mais avec cette différence qu'elles ont la liberté de la regarder. Elle gouverne sa maison en souveraine ou plutôt en despote. Le Roi lui donne des provinces dont elle tire le revenu, & sur lesquelles elle a une puissance absolue. Ainsi elle tient conseil de toutes ses affaires avec ses femmes, & rend justice à ses sujets. Quand on lui porte des plaintes contre quelque femme accusée, ou de médisance, ou de faux rapports ou d'indiscrétion dans les paroles, elle la punit en lui faisant coudre la bouche ; c'est du moins ce qui est arrivé une fois, & c'étoit la femme de *Charou-Naraie* qui ordonna ce châtiment trop sévère.

Le nombre des maîtresses du Roi n'est point limité. La grandeur du Monarque consiste, au contraire, dans la multiplicité des sultanes. Les Siamois parurent étonnés qu'un aussi grand Prince que le Roi de France, n'eût qu'une seule femme, & point d'éléphans.

Les Rois de Siam vivent dans une inquiétude qui change leurs palais en autant de forteresses où ils sont perpétuellement en garde contre les entreprises de leur peuple. Ils les munissent de bonnes murailles. Le rôle odieux de délateur est ordonné, sous peine de mort, dans tout ce qui intéresse la personne du Roi; & si l'accusation n'est point prouvée, on condamne au même supplice, c'est-à-dire, à être exposés aux tigres, l'accusé & le délateur. Dans le doute, on aime mieux perdre l'innocent, que sauver le coupable.

Le Prince règnant mène une vie assez réglée: il se lève tous les jours à six heures. Sa première action est de donner l'aumône à une bande de Talapoins, qui ne manquent jamais de se monter devant lui sitôt qu'il paroît. Ces Moines mendians & paresseux infestent le royaume, & dévorent la subsistance des Citoyens utiles & laborieux.

Ensuite arrive l'audience que donne sa Majesté, dans l'intérieur de son palais, à ses concubines, à ses eunuques, à ses esclaves, & à un magistrat qui vient lui montrer tous les procès qui ont été jugés; il les approuve ou les condamne selon son opinion.

Lorsque le magistrat est sorti, l'audience est ouverte à tout le monde jusqu'à l'heure du dîner. Alors le médecin visite toutes les viandes, & renvoie celles qu'il croit nuisibles. Pendant le repas, on lit les procès criminels; & le prince ordonne du sort des coupables. Après le dîné, il entre dans une salle où il se met sur un lit de repos. Il est suivi d'un lecteur, qui lui lit ordinairement la vie de quelqu'un des Rois ses prédécesseurs; & lorsqu'il s'endort, le lecteur baisse la voix, & peu-après il se retire. Le même lecteur rentre sur les quatre heures, & il recommence à lire si haut, qu'il faut nécessairement que le Roi s'éveille : alors il donne audience à ses grands Officiers. Sur les neuf heures le conseil s'assemble : si tout cela va trop avant dans la nuit, le Médecin vient avertir le Prince qu'il est l'heure de se coucher. Ce

Médecin est reçu dans le conseil mais il ne fait qu'écouter, & l'on n'y prend jamais son avis.

Les Rois de Siam paroissent rarement en public; quand ils se montrent, c'est toujours dans un appareil qui inspire la terreur. Ils se font précéder par des éléphans chargés d'hommes armés, & par une multitude innombrable de gardes, de domestiques & d'esclaves, munis de bâtons pour écarter le peuple. Le Roi est assis dans une chaise d'or portée par dix ou douze valets, & environnée de soldats, tandis que le peuple prosterné n'ose pas même l'envisager. D'autres fois il est monté sur un éléphant tout brillant d'or & de pierreries. L'animal marche gravement, fier de fa charge, & femble connoître l'honneur qu'il reçoit; car il ne souffriroit pas qu'un autre prît la place du Monarque. Si le Roi a un fils, ce Prince le fuit, & après lui la Reine & fes autres femmes ; elles font aussi fur des éléphans, mais enfermées dans des espèces de guérites de bois doré, où il est impossible de les voir. La marche est fermée par une autre troupe de gardes, & tout le cortège est composé de quinze ou seize mille hommes.

Dans les promenades qui fe font fur la rivière, le Prince entre dans une chaloupe dorée, fous un dais de brocard, & fe fait accompagner de ses courtisans, qui s'y trouvent quelquefois au nombre de douze cens chacun, dans une barque tirée par vingt esclaves. Plusieurs bateaux remplis de musiciens viennent après, & sont suivis de cinquante barques de parade. On auroit peine à se former une idée de cette magnificence. Figurez-vous, Madame, un grand fleuve sur lequel trente mille personnes se promènent en bateaux peints & dorés, sans y comprendre une foule prodigieuse de peuple qui y accourt de tous côtés, pour être témoin de ce spectacle.

J'en vis moi-même un d'une autre espèce, tandis que j'étois à Louvo. Il pourra vous donner une idée de l'usage des Siamois dans leurs cérémonies funéraires. Le Roi venoit de perdre la Princesse sa fille ; comme il l'aimoit tendrement, il ordonna des obsèques magnifiques. Il vouloit que tous ses sujets se rasassent la barbe ; ce qui est regardé dans ce pays comme la plus grande marque de douleur; mais sur les remontrances de quelques Seigneurs, cet ordre ne fut publié que pour le peuple, qui obéit sur-le-champ. Cinq tours furent élevées dans une des cours du palais: celle du milieu avoit plus de cent pieds de haut; les autres diminuoient à mesure qu'elles s'éloignoient de celle-ci. Elles étoient peintes & dorées, & avoient communication par des galeries à baluſtres, auſſi ornées que les tours. Le corps de la Princeſſe avoit été apporté devant la plus haute, & on l'avoit mis ſur un autel tout brillant d'or & de pierreries. Elle étoit debout avec une robe traînante, & toute ſemée de diamans, dans un cercueil d'or épais d'un pouce; elle avoit les mains jointes & le viſage tourné vers le ciel. La couronne qu'on lui avoit miſe ſur la tête étoit d'un prix exceſſif, auſſi bien que ſon collier & ſes bracelets. On avoit dreſſé des échafauds, où chacun ayant pris place, tous les grands du Royaume, vêtus ſimplement de toile blanche, qui eſt ici la couleur du deuil, s'avancèrent vers le corps,

corps, & lui firent une profonde révérence : après eux les dames aussi vêtues de blanc, & sans nulle autre parure, allèrent faire également leur révérence, & répandre des parfums.

Cette première cérémonie achevée, on mit le cercueil sur un char magnifique, & on le porta à vingt pas de là ; les grands du Royaume & les dames lui rendirent encore de pareils honneurs ; & tous pleurèrent si amèrement, qu'il sembloit que la perte fût particulière pour chacun. On mêla les cris avec les larmes ; & ces démonstrations lugubres durèrent une demi-heure. Le char fut traîné ensuite par les principaux officiers de la couronne vers le lieu où le bûcher avoit été préparé : après eux venoit le fils aîné du Roi, frère de la Princesse ; il étoit vêtu de blanc comme les Seigneurs qui le suivoient, & assis sur un éléphant qui avoit une housse en broderie, & des chaînes d'or au cou : à ses côtés paroissoient deux de ses frères montés comme lui, & tenant le bout d'une longue écharpe de soie blanche, dont l'autre extrémité étoit attachée au cercueil ; d'autres jeunes princes marchoient à pied, vêtus de même, & ayant chacun un rameau d'arbre à la main ; ils étoient si bien instruits à pleurer, qu'ils n'avoient nulle peine à fournir des larmes.

A moitié chemin du lieu où l'on

devoit trouver le bûcher, on avoit dreſſé des échafauds, où des Mandarins du ſecond ordre attendoient le convoi. Lorſque le corps paſſa devant eux, les uns jetèrent des habits au peuple, les autres de l'argent ; enfin, le convoi étant arrivé à l'endroit où devoit finir la cérémonie, les grands tirèrent avec beaucoup de reſpect le cercueil hors du char, & le posèrent ſur le bûcher au ſon des inſtrumens, auxquels ſe mêloient les cris de toute la cour. Ce triſte concert étant fini, le corps fut couvert de bois de ſenteur & de parfums ; & les jeunes Princes s'en retournèrent au palais avec les Seigneurs; les Dames demeurèrent ſeules à garder le cercueil, qui ne fut brûlé que deux jours après : ce qu'il y eut de plus pénible pour elles, c'est que, pendant tout ce tems, elles furent obligées de pleurer, sans discontinuer ce triste exercice, qui doit durer nuit & jour. Dans la crainte que quelques-unes d'elles ne succombassent au sommeil, ou ne se lassassent d'un métier si fatiguant, d'autres femmes, placées de distance en distance, tenoient en main des disciplines, & leur en appliquoient de si rudes coups, qu'elles étoient forcées de recommencer pour elles-mêmes leurs cris & leurs lamentations.

Pendant ces deux jours, les Talapoins, placés sur des échafauds dans la cour où l'on avoit d'abord mis le cercueil de la Princesse, prièrent sans relâche pour le repos de son ame. Ils commencèrent par psalmodier d'une voix basse ; le second jour ils élevèrent un peu le ton, & enfin ils chantèrent à pleine voix. Les chants contenoient des moralités sur la mort, & une espèce d'itinéraire qui indiquoit à la défunte la route du ciel : à côté de ces échafauds étoient plusieurs tours faites avec des roseaux, & remplies de feux d'artifice, dont la décoration ressemble à celle de nos feux de joie, & qui dutèrent plusieurs jours, pendant lesquels le Roi fit distribuer de grandes aumônes aux pauvres & aux Talapoins. Il y eut, outre cela, plusieurs statues d'or & d'argent qui furent mises dans les plus belles pagodes du pays, en l'honneur de la défunte. Après que le corps eut été deux jours sur le bûcher, toute la cour s'y rendit ; & le Roi prenant un cierge allumé de la main du chef des Talapoins, y mit le feu. Le corps fut réduit en cendres dans le cercueil d'or où l'on avoit laissé toutes les richesses qui lui servoient d'ornemens.

L'urne, dans laquelle on recueillit les cendres de la Princesse, fut mise dans un ballon de la première grandeur, & déposée dans une pagode hors de la ville. Le bateau qui la transporta, étoit accompagné d'une infinité d'autres barques superbement décorées, dans plusieurs desquelles il y avoit des représentations de divers genres, des lions, des tigres, des serpens & d'autres animaux. Un enfant habillé d'une riche étoffe, & couvert de pierreries, paroissoit sur une estrade dorée; il avoit un sabre à la main, & représentoit l'ange tutélaire de la Princesse. Quand l'urne eut été portée dans le temple, on mit le feu aux représentations, ce qui s'exécuta au bruit de l'artillerie, des tambours, des bassins, & de mille instrumens confus. Ainsi finit cette lugubre cérémonie, qui se renouvelle toutes les fois que la mort enlève quelques Princes de la famille royale.

Si c'eſt le Roi lui-même, le peuple après le convoi funèbre, paſſe dix jours dans la plus auſtère retraite. Toutes les maiſons ſont fermées ; perſonne n'oſe paroître dans les rues ni dans les places. Un profond ſilence règne par-tout. Après ce tems, on ouvre les temples, on les orne des plus riches étoffes, on y arbore quantité de drapeaux, & l'on dreſſe dans les places publiques, des autels où l'on brûle des parfums. Des Cavaliers habillés de blanc ſe rendent dans les différens quartiers de la ville, font ouvrir toutes les portes au ſon de divers inſtrumens & déclarent au peuple qu'il a un Roi. Alors tout le monde court aux temples, & fait des vœux pour la profpérité du nouveau Monarque.

Les Siamois font fort fomptueux dans la célébration de leurs funérailles. Ils emploient quelquefois une année entière à en faire les préparatifs. Pour empêcher la corruption, on lave le cadavre, on le ferre avec des bandelettes; on lui injecte par les yeux & par la bouche de l'eau falée, du vif-argent, & d'autres drogues corrofives, pour deffécher toutes les humeurs & faire fortir ce qu'il y a d'impur, & propre à corrompre le refte. Les morts font portés hors des villes; police prefque générale dans tout l'Orient, police que nous approuvons en France, & que nous n'osons adopter.

Les sépultures des particuliers sont environnées de tours quarrées, faites de bois de cyprès, revêtues de cartes & de gros papiers de différentes couleurs, qui font un effet assez agréable. D'autres ordonnent, avant de mourir, que leurs cendres soient déposées dans la pagode qu'ils ont fait bâtir, n'y ayant point de Siamois un peu riche, qui ne veuille éterniser sa mémoire par cette dépense. Les cendres des pauvres sont jettées au vent. Ceux qui, par excès de charité, se sont ruinés pour enrichir des monastères, sont brûlés aux dépens des Talapoins : à l'égard des enfans des criminels, des noyés, des gens frappés de la foudre, des femmes qui meurent en couche, & de tous ceux qui periffent, ou d'une mort violente, ou d'une maladie contagieufe, ils font tous privés des honneurs du bûcher. Leurs corps font enterrés dans les champs; & les foffes qu'on leur creufe font fi peu profondes, qu'ils font fouvent la proie des bêtes féroces.

L'extrême cérémonial qui s'obferve à Louvo, la gêne & l'efpèce de trifteffe qu'y infpire la préfence du maître, en rendent le féjour ennuyeux; auffi n'y fuis-je refté que le tems néceffaire pour y prendre une légère idée des ufages de cette cour. Revenu à Siam, je vais me disposer à faire quèlques courses dans les provinces; &, à mon retour, je vous écrirai ce que le pays m'aura offert de plus remarquable, mais je vous ferai part auparavant de quelques détails sur le gouvernement & la religion des Siamois.

LETTRE L.

De Siam, le 18 Mai 1782.

Dans ce pays, Madame, la noblesse n'est point originaire; elle ne consiste que dans la possession actuelle des charges. C'est le Monarque qui en dispose. Ceux qui reçoivent le plus de faveurs, sont réputés les plus nobles. Dès qu'un homme perd sa place, il n'a plus

rien

rien qui le distingue du peuple. Il est vrai que tous les offices sont héréditaires ; mais la moindre faute, ou le caprice du Souverain, peut faire perdre les plus grandes charges aux familles. Les officiers ne reçoivent aucune sorte de gages ni d'appointemens. Le Roi les loge, leur donne quelques meubles, des armes, un bateau, des éléphans, quelques terres labourables, & un certain nombre d'hommes qui sont obligés de les servir pendant six mois de l'année, & qui se succèdent les uns aux autres. Les emplois ne sont importans à Siam, que par le nombre des sujets qui en dépendent. Ceux que le maître dispense de leur service, lui paient tous les ans une certaine somme; mais le principal revenu de ces charges vient des concussions qui paroissent autorisées dans toutes les parties du royaume, par le silence du Prince.

Les *Oyas* tiennent le premier rang parmi les personnes titrées. Ce sont comme les Ducs en France. Et cette qualité est annexée aux principales charges de la cour & aux grands gouvernemens. Les *Oc-pras* sont comme nos Marquis, les *Oc-munes* comme nos simples Gentilshommes. Ces différens titres ne se donnent qu'aux places. En perdant sa charge, on est destitué de son titre. Les femmes des seigneurs qualifiés partagent les mêmes privilèges & les mêmes honneurs que leurs maris. Le Prince n'élève personne aux dignités, sans lui faire quitter le nom de sa famille, & il lui en confère un de son choix. Parmi ces divers officiers, les uns sont employés dans les provinces, les autres à la cour; d'autres occupent dans la capitale les charges de judicature, de finance & de guerre. Chaque province a son gouvernement. Quelques-uns de ces Gouverneurs se sont rendus indépendans; il y en a même à qui l'on donne le titre de Roi; d'autres sont moins puissans; mais ils s'attribuent des droits qui approchent presque de la souveraineté. On leur substitue, autant qu'on peut, des gouverneurs par commission pour trois ans. Ils jouissent des mêmes honneurs avec la même autorité dans l'administration, mais ils sont plus resserrés pour les émolumens. Ils président à toutes les cours de judicature, qui ressortissent toutes à un tribunal souverain, établi dans la capitale. Chaque cour est composée de plusieurs officiers ; mais le droit de juger n'appartient qu'au gouverneur, qui doit néanmoins les consulter. Les uns veillent à la police, commandent les troupes, lèvent les impositions, ordonnent les corvées. Les autres ont la direction des magasins royaux, jugent les différends des étrangers, pourvoient à la subsistance des éléphans qui sont dans les provinces, mais toujours sous les ordres du gouverneur.

Les officiers de la cour se rendent au palais tous les matins à huit heures, soit pour assister au conseil d'état, soit pour juger les affaires particulières, soit pour veiller à la sûreté du Monarque. On y reste jusqu'à midi. On y revient à sept heures, & l'on n'en sort qu'à minuit. Si quelqu'un manque à son devoir, ou s'en acquitte mal, on lui donne la bastonnade en présence du Roi. Les grands de l'état, les ministres même n'en sont pas exempts; & chez ce peuple esclave, cette correction ignominieuse ne déshonore point.

Les officiers du dehors mènent

une vie plus libre. Plusieurs occupent des emplois de judicature dans le conseil souverain de la nation, dont relèvent toutes les autres jurisdictions du royaume. Ceux qui le composent, ont tous le rang de ministres. Le président de ce tribunal est le chef de la justice. Toutes les affaires civiles & criminelles lui passent par les mains. Il en juge définitivement, après avoir pris l'avis des autres membres du conseil, qu'il n'est cependant pas obligé de suivre. On peut appeller au Roi de ses jugemens.

Le Ministre qui a le département du commerce étranger est à Siam ce qu'est parmi nous le Contrôleur général des finances. Il se nomme dans la langue du pays *Pra-clam*, qui signifie *Maître de magasin*, dont les François & les Portugais ont fait le nom de *Barcalon*. Tous les négocians étrangers, Européens ou Asiatiques, traitent directement avec cet officier; il est en même-tems le protecteur né des différentes nations établies à Siam.

Les Siamois ont un code de loix pour la décision des procès civils & criminels; mais comme ces loix s'interprètent différemment, & que l'on s'accorde difficilement, ainsi qu'ailleurs, sur leur véritable signification, elles sont rarement suivies ainsi qu'ailleurs. C'est presque toujours le président seul, qui décide bien ou mal, selon qu'il est plus éclairé ou plus équitable. Les parties peuvent plaider leur cause, ou se servir d'avocats ou de procureurs. Dans ce dernier cas, les chicanes multipliées font durer les procès aussi long-tems qu'en France, & ruinent les cliens. Les affaires se terminent plus promptement, quand ce sont les particuliers qui plaident eux-mêmes; ils parlent devant le greffier qui écrit tout ce qu'il entend, & reçoit tous les titres; mais il faut que ce soit en présence du tribunal, qui en compte les lignes & les ratures. On fait ensuite l'examen des pièces; les plaideurs sont à la porte, & chacun entre quand il est appelé. Lorsque le procès est jugé, si la matière est importante, le rapport en est fait au Roi; & ce Prince, assis sur son trône en présence de tous les Mandarins prosternés, confirme ou change le jugement selon son bon plaisir ou ses lumières.

Dans les affaires criminelles, on procède juridiquement & presque de la même manière qu'en France : on informe, on emprisonne, on interroge, on confronte les témoins ; & faute de preuves entières, on applique à la question sur de fortes conjectures. Le greffier tient regiftre de tout, & les juges prononcent sur la confession du criminel, ou sur la déposition des témoins, & font exécuter la sentence, s'il n'est pas question d'un

L v

arrêt de mort; car c'est au Roi seul que ce droit est réservé, à moins que par une attribution particulière, il ne le délègue à certains magistrats. Quelquefois il les envoie dans les provinces en qualité d'inspecteurs extraordinaires, pour écouter les plaintes du peuple, & réprimer les vexations des gouverneurs : ces commissaires ont non-seulement le pouvoir de dégrader les magistrats, de les emprisonner, mais encore de les juger à mort.

Dans les causes où l'on manque de preuve, outre la question, on a encore recours à quelques moyens extraordinaires, pour la conviction ou pour la justification des criminels, ce qui se fait du consentement de l'accusateur & de l'accusé. On les fait marcher sur des charbons ardens, tandis que deux hommes à leur côté s'appuient avec force sur leurs épaules, pour les empêcher d'aller trop vîte : ou bien on leur plonge la main dans un chauderon d'huile bouillante, ou dans du plomb fondu. Il y a encore une autre épreuve, qui consiste à avaler certaines pillules préparées par les Talapoins : c'est un vomitif violent ; celui qui les garde le plus dans son estomac, sort victorieux de la dispute. Cette scène se passe en présence des prêtres, qui prononcent mille imprécations contre le parjure. Enfin, les Siamois ont recours à tous les moyens féroces dont ufoient nos ancêtres dans ces tems de barbarie, où celui des deux accufés qui avoit le plus d'habileté ou le plus d'artifice, c'eſt-à-dire, le plus malhonnête homme, étoit regardé comme le moins coupable. On ajoutoit même chez nous l'épreuve du duel, autre trait de barbarie françoife, qui n'eſt point encore pratiqué chez les Siamois ; mais les fupplices qu'ils décernent contre les criminels, font d'une cruauté inouie. Ils les brûlent à petit feu, les plongent peuà-peu dans l'huile bouillante, les attachent auprès d'un tigre affamé, de manière qu'il ne puiffe les déchirer que lentement ; on leur fait avaler des métaux fondus,

& on les nourrit de leur propre chair.

Pour achever de donner une idée terrible de la justice criminelle des Siamois, je n'en citerai que ce seul trait. Un Mandarin, membre du conseil royal, pour avoir veillé avec trop de négligence sur la conduite d'un malfaiteur soumis à son département, fut mis dans une fosse étroite, de bout, sans pouvoir se tourner, enseveli jusqu'aux épaules, suspendu par le cou, & exposé aux insultes de tous les passans qui lui donnoient des soufflets ; il resta trois jours dans cet état, ayant à son cou la tête du criminel sur lequel il avoit mal veillé, & dont on venoit de faire l'exécution. Ce qui vous étonnera le plus, Madame, c'est que la honte de ce supplice ne déshonore point, & n'expose à aucun reproche. Le Mandarin rentra dans l'exercice de sa charge, & fit ses fonctions comme auparavant. Un meurtrier ici est décollé; & s'il a un complice, on pend au cou de celui-ci la tête du coupable; elle y demeure exposée au soleil pendant trois jours; & la mauvaise odeur qu'elle exhale, est elle-même un supplice affreux. La peine du talion est encore très en usage. Il y a une exécution particulière pour les personnes de qualité : on conduit le coupable sur un échafaud dressé devant un temple; il est étendu sur un drap rouge, & on lui enfonce la poitrine avec une bûche de bois de sandal. Les parens répondent au Prince des fautes de leurs enfans, & la loi les oblige de les livrer lorsqu'ils sont coupables : un fils qui a pris la fuite, après avoir mérité d'être puni, ne manque jamais de revenir & de se présenter aux magistrats, si la colère ou la justice du Roi se tourne contre son père, sa mère, ou quelques-uns de ses parens.

Outre les officiers & autres personnes employées au service du Prince & de l'état, il y a parmi les Siamois deux autres classes d'habitans; les uns sont esclaves, les autres libres, si l'on peut appeler ainsi des hommes qui pendant six mois de l'année, doivent au Roi, sans aucune sorte de salaire, un service qui diffère peu de l'esclavage ; les uns cultivent ses jardins, travaillent dans ses atteliers, composent sa garde ; les autres sont employés aux travaux publics ; & s'ils vont à la guerre, c'est à eux à pourvoir à leur subsistance ; d'autres enfin, servent les magistrats & les ministres auxquels, comme je vous l'ai déjà dit, le Roi donne un certain nombre de gens de corvée. Cette servitude fatigue tellement le peuple, que plusieurs se cachent dans les bois, ou abandonnent le pays; d'autres préfèrent l'esclavage à une liberté de cette nature, se vendent à des maîtres dont l'empire est moins rude que le service du Roi ou de ses officiers; d'autres achètent leur liberté, en payant tous les ans une certaine somme au trésor royal. Ce n'est qu'à seize ans que l'on commence à être inscrit sur le regiftre public, c'est-à-dire, à l'âge où l'on est assujetti en France à tirer la milice. A l'égard des esclaves, leur fort est à-peu-près le même qu'ailleurs; les uns le font de naissance, les autres par dettes; les uns par dégradation, les autres pour avoir été pris à la guerre. Leurs maîtres ont sur eux tout pouvoir, à l'exception du droit de mort.

Tous les sujets libres du Roi de

Siam sont obligés d'aller à la guerre, lorsque le Prince le requiert, & de servir à leurs propres frais: son infanterie est mal armée, sa cavalerie mal montée, & ses plus grandes forces consistent dans la multitude de ses éléphans. Son artillerie lui est inutile, parce que ses troupes n'ont pas l'adresse de s'en servir. Ses armées navales ne sont pas en meilleur état que celles de terre ; elles consistent dans un certain nombre de frégates & de galères : il a aussi une multitude infinie de barques, dont il se sert avec assez d'avantage, parce que les forces maritimes de ses voisins sont encore inférieures aux siennes ; mais tout cela ne tiendroit pas contre la plus petite flotte européenne.

Les Rois de Pégu & de Siam sont presque toujours en guerre. Ces deux royaumes ont éprouvé tant de ravages, que les armées n'y peuvent presque plus subsister, aussi ne font-elles que quelques courses avec des camps volans, & l'on ne pense de part & d'autre qu'à faire des esclaves : chacun est content, lorsqu'il se retire avec un butin considérable. Si les armées se rencontrent, & que le combat ne puisse pas s'éviter, il commence par quelques volées de canons qu'on décharge à coups perdus ; c'est une espèce de convention mutuelle, de ne point tirer directement l'un fur l'autre, mais de vifer toujours plus haut. Les décharges de fléches & de moufqueterie fe font de la même manière, & lorfque cette grêle de boulets, de traits & de balles retombe fur l'ennemi, celui des deux partis qui s'en apperçoit le premier, ne tarde pas à prendre la fuite. Leur manière de tirer eft de pofer un genou en terre, & d'appuyer le moufquet fur l'autre, en tournant le vifage, tant ils ont peur des armes à feu. La vue d'une épée nue met en fuite cent Siamois. Un Européen armé d'une canne les fait trembler; un peuple d'efclaves ne fauroit être brave.

Outre fes milices nationales,

le Roi entretient un corps de soldats étrangers qui composent une partie de sa garde. Ils n'entrent point dans l'intérieur du palais, ils n'en occupent que les dehors, & accompagnent le Prince dans tous ses voyages. Leur paie est inégale ; mais ni les uns, ni les autres ne sont de bonnes troupes, quoique préférables aux Siamois, qui n'ont aucune inclination pour la guerre. Ils n'observent point de discipline, ne savent ni attaquer, ni se défendre ; mais comme ils ont à combattre des ennemis qui ne sont ni plus courageux, ni plus habiles, il leur arrive souvent de remporter la victoire. D'ailleurs, le pays est naturellement si bien gardé par des forêts impénétrables, par la multitude des canaux dont il est coupé, & par ses inondations annuelles, que les habitans craignent peu d'être attaqués ou surpris par les peuples voisins. Aussi ont-ils toujours négligé le secours des places fortes. Le petit nombre qu'ils en ont, soutiendroit à peine la première insulte d'une troupe aguerrie.

Il en coûte si peu au Roi de Siam pour l'entretien de ses places & de ses armées, que ses revenus, qui sont considérables, ne servent qu'à grossir ses trésors. Ce Prince fait lui seul tout le commerce du dehors, & partage avec ses sujets celui de l'intérieur du royaume, se réfervant le débit exclufif des marchandifes les plus lucratives. Celles dont le commerce eft libre à tout le monde, font le riz, le poiffon, le fel, le fucre, la cire, l'huile, l'encens, la canelle & le coco. Mais on ne peut acheter que dans les magafins royaux, l'ivoire, le plomb, le falpêtre, les peaux de bêtes, le foufre, la poudre à canon & les armes. Les marchés fe tiennent depuis cinq heures du foir jufqu'à neuf heures, & rien n'égale la bonne foi qui s'y obferve. L'acheteur ne compte ni ne mefure jamais la marchandife qu'on lui a livrée, ni le vendeur l'argent qu'il a reçu. Ils font offenfés des précautions que prennent les étrangers, pour s'aflurer de leur fidélité ; & ils ne voyent pas que cette défiance en exigeroit une plus grande de leur part. Les Siamois n'ont point d'aune, c'est avec leurs bras qu'ils mesurent l'étoffe. Le coco sert à mesurer les grains & les liqueurs, & l'on n'emploie d'autres poids que des pièces de monnoie.

Une autre source des revenus du Roi sont les impositions sur les terres, sur les bateaux, sur l'arak, sur certains arbres, tels que l'oranger, le cocotier. Il y a d'autres revenus casuels, qui sont les confiscations de biens, les amendes, les présens, les donations que font les Seigneurs en mourant, ce que le Prince retient sur leurs successions, fions, les taxes extraordinaires pour les dépenses imprévues, ce qu'on paie pour s'exempter des corvées, & la plûpart de ces impositions se perçoivent en argent. Toute la monnoie est de la même forme, marquée au même coin, mais différente pour le poids. L'or & le cuivre ne se convertissent point en espèces, ils n'entrent dans le commerce, que comme marchandise. Presque toute la monnoie est d'argent. La forme des pièces est celle d'un petit cylindre, rond d'un côté, & qui se partage de l'autre en deux petits globes. Dans quelques provinces éloignées, on se sert d'une monnoie d'étain ronde & plate. Leur coin représente des oiseaux & des dragons. En général, il y a ici peu d'espèces monnoyées. On y est fort pauvre, on n'y connoît presque point de luxe, & par une conséquence très-juste, il s'y commet bien moins de crimes que dans notre brillante Europe.

LETTRE LI.

De Siam, le 22 Mai 1782.

LA religion des Siamois, Madame, est un tissu de fables ridicules & absurdes, que l'ignorance & le préjugé ont consacrées. Ces peuples n'ont aucune idée raisonnable de la divinité. Ils ne connoissent ni l'éternité, ni la toute-puissance de l'être suprême. Tous les dieux qu'ils adorent ont été des hommes, dont l'origine est connue, & qui, de l'aveu même de ces Indiens, ont vécu dans le pays, & ne sont parvenus à l'immortalité qu'après avoir été métamorphosés plusieurs fois en bêtes.

Ces Idolâtres admettent plusieurs paradis, & divers degrés de béatitude dans ces différentes demeures. Dans les trois premiers les saints se marient, & ces mariages sont féconds. Il y a des Rois, des magistrats, des sujets : on y fait la guerre, on livre des batailles, & l'on vit à peu-près comme sur la terre. Dans le quatrième, & dans les suivans, il n'y a plus de so-

ciété charnelle; les ames s'épurent
& leur sainteté augmente par degrés jusqu'au huitième paradis,
où elles vivent dans une innocence parfaite & dans une souveraine
félicité.

Ce dernier paradis est situé au
plus haut des cieux, & s'appelle
Nirupan, ou lieu de repos. La béatitude qu'on y goûte est si tranquille, qu'elle ressemble à une espèce d'anéantissement. Ces heureux
immortels, concentrés & comme
absorbés dans eux-mêmes, oublient tout le reste, & ne prennent
aucune part au gouvernement de
l'univers.

Le *Nirupan*, quoiqu'ouvert à
tous ceux qui s'en rendent dignes,

n'est habité que par un très-petit nombre d'élus. Avant que d'y être admis, il faut subir un grand nombre de transmigrations, & pratiquer dans chaque état une infinité de bonnes œuvres. *Sommonacodom* le plus grand de leurs dieux fut obligé de renaître cinq cens cinquante fois sous différentes formes. Trois autres personnages y sont parvenus avant lui. On les a honorés successivement sur la terre ; & l'on a déserté leurs autels pour en dresser à *Sommonacodom* que les Siamois adorent présentement. Ils attendent un cinquième immortel, qui viendra dans quelques siècles, & qui rétablira la loi dans sa première pureté. Quand ce

Dieu fera son entrée dans le *Nirupan*, on l'adorera à son tour, & alors *Sommonacodom* se verra sans prêtres & sans sectaires.

Ils admettent aussi un enfer, qu'ils placent au centre de la terre, & qu'ils divisent comme le paradis, en huit demeures ; ils disent que dans cet affreux séjour, il y a des juges qui écrivent sur un grand livre tous les péchés des hommes; que leur chef est continuellement occupé à parcourir ce recueil, & que les personnes dont il lit l'article, ne manquent jamais d'éternuer dans le même moment; delà, dit-on, est venu la coutume de souhaiter une longue vie à ceux qui éternuent.

Les Siamois ont fur l'origine du bien & du mal un fyſtême aſſez particulier, & qui, fans être foit fubtil, ne laiſſe pas de les conduire à l'explication d'un myſtère qui embarraſſe nos plus fameux philoſophes ; ils ne reconnoiſſent point, comme les Manichéens, deux principes, l'un bon, l'autre mauvais. Ils font bien plus éloignés d'admettre la doctrine du péché originel, & ils traitent de fables, tout ce qu'on leur dit touchant la déſobéiſſance du premier homme, & la peine héréditaire de fon péché. Ils foutiennent que tout ce qui nous arrive de bien & de mal, eſt l'effet des bonnes ou des mauvaiſes actions, commiſes dans cette vie, ou dans celles qui l'ont précédée, selon l'ordre des métamorphoses qu'on a subies. Ainsi les richesses, les dignités, l'esprit, la beauté, & les autres avantages naturels, sont la récompense des vertus pratiquées dans un autre état. La pauvreté, l'infamie, la laideur, sont la punition des crimes dont on s'est souillé. Voilà, disent-ils, la cause de cette prodigieuse inégalité qui règne dans les conditions humaines.

Pour mieux expliquer cette doctrine, ils prétendent que les ames qui viennent habiter les corps humains, sortent de trois demeures différentes, suivant le sort qu'elles ont anciennement mérité, du ciel, du corps des animaux, de l'enfer. Ceux dont les ames viennent du ciel, jouent les premiers rôles sur le théâtre du monde. Les Rois & les Princes n'ont point d'autre origine: delà naît le respect infini de ces peuples pour leurs Monarques, qu'ils regardent comme des hommes d'un ordre particulier, & d'une nature plus excellente ; mais ce principe les égare quelquefois. Si un homme de la lie du peuple vient à s'emparer du trône, ils oublient bientôt le Monarque disgracié, & leurs hommages se tournent sans effort vers l'usurpateur, dont ils croient que l'ame est d'un ordre encore plus noble.

Ceux dont les ames sortent du

corps des animaux, font d'une claſſe inférieure, & naiſſent ſujets à l'indigence, à l'eſclavage & à d'autres miſères. Quant à ceux dont les ames criminelles viennent de l'enfer, ils ſont le jouet des paſſions les plus honteuſes & les plus funeſtes; & leur vie n'eſt qu'un tiſſu de crimes & de malheurs.

Ces préjugés ſont tellement enracinés dans l'eſprit des Siamois, que lorſqu'on leur parle de juſtes perſécutés, & de ſcélérats heureux, ils traitent cela de chimère : voilà pourquoi nos Miſſionnaires ont tant de peine à leur faire comprendre le myſtère d'un Dieu ſouffrant & crucifié. Si le Dieu des Chrétiens, diſent-ils, eût été juſte, ſes vertus l'eussent garanti du supplice, & son innocence eût triomphé de la fureur de ses ennemis. Il faut ajouter qu'un des articles de leur croyance est que *Tévotat*, frère de *Sommonacodom*, fut mis en croix pour ses crimes ; & la conformité de son supplice avec celui du Dieu que nous adorons, achève de les révolter contre les vérités du christianisme.

Dans les principes de leur théologie, tout grand péché doit être expié par les souffrances, & personne ne peut se soustraire à cette loi ; la peine est exactement proportionnée au crime ; si vous avez tué un homme, un homme vous tuera dans cette vie ou dans une autre.

Si vous avez mis à mort un serpent, un serpent vous ôtera la vie. Cette loi est tellement irrévocable, que le grand *Sommonacodom* lui-même n'a pu s'en affranchir; ayant tué un animal monstrueux, il fut tué dans la suite par un pareil monstre. L'enfer est la punition des crimes du premier ordre : ses peines ne sont pas éternelles, mais leur durée est quelquefois très-longue, & les dieux même n'ont pas le pouvoir d'en abréger le cours.

Les anges sont corporels de différens sexes, & capables de génération : le gouvernement de l'univers les regarde ; les dieux ne s'en mêlent point; ces petits soins seroient au-dessous de leur grandeur.

Chaque

Chaque empire, chaque ville a son génie tutélaire ; il y en a qui préfident aux montagnes & aux forêts, d'autres aux vents & à la pluie. Chaque planète eft gouvernée par une intelligence. Comme ces anges paffent pour les difpenfateurs des biens & des maux de cette vie, c'eft eux qu'on honore & qu'on invoque par préférence ; cependant ils font d'un ordre bien inférieur aux dieux : ils font exclus du *Nirupan* : ils habitent un ciel particulier.

Les Indiens fe perfuadent que tout eft animé dans la nature, les plantes, le ciel, la terre, les fleuves, les montagnes, les villes, les maifons même. Ils croient que l'ame habite le corps, & qu'elle le régit; mais ils ne croient point qu'elle lui soit unie intimement, ni qu'elle fasse un tout avec lui; loin de penser que les ames soient heureuses dans cette demeure, ils la regardent au contraire comme un lieu d'exil & d'esclavage, & ils font consister la félicité dans l'affranchissement de cette servitude. On assure qu'il y a ici des imposteurs hardis, qui se vantent, comme Pythagore, de se souvenir de leurs transmigrations passées. Ces témoignages, renouvellés de tems en tems par les prêtres, entretiennent la foi de la métempsycose, & empêchent la prescription d'un dogme utile à la religion & à ses ministres.

Les Siamois distinguent deux sortes de loix ; la loi naturelle & la loi écrite ; ils appellent la première, *loi du cœur*, parce qu'ils sentent que la nature l'a gravée dans le cœur de tous les hommes : elle se réduit à faire tout ce que la conscience croit bon, & à fuir tout ce qu'elle croit mauvais.

La loi écrite est celle que *Sommonacodom* a enseignée aux hommes ; elle comprend une infinité de pratiques, qui renferment tout ce qu'il y a de plus rigoureux dans les religions les plus austères.

Les dévots se feroïent un scrupule de tuer le moindre insecte : s'ils rencontrent dans leur chemin une fourmi, un ver, ou quelqu'autre reptile, ils fe détournent pour ne point l'écrafer; ils nourriffent les oifeaux de paffage, les chiens, & d'autres animaux dont ils ne tirent aucune utilité; ils fe font un mérite de délivrer un oifeau captif. Plufieurs s'abftiennent de labourer la terre, d'y faire des foffes, d'allumer le feu, de l'éteindre ou de le couvrir, par refpect pour ces élémens; d'autres croiroient commettre un crime, s'ils faifoient des incifions à un arbre, & s'ils en ôtoient même les branches fuperflues; ils n'oferoient abattre les arbres les plus antiques; & ils furent très-fcandalifés de la hardieffe profane d'un François qui fit abattre dans fon jardin un arbie, parce qu'il gênoit fa vue.

Les Siamois paffent tous les jours une demi-heure à prier & à méditer fur quelque point de la morale ou de la vie de *Sommonacodom*, qu'ils folemnifent fort dévotement le premier & le quinzième jour de chaque lune. Ils ont au commencement de chaque année une autre fête qui dure quinze jours, & qui fe célèbre avec tant d'exactitude, que les tribunaux & les marchés font fermés pendant trois jours, & qu'on fe défend de conduire les troupeaux dans les pâturages. Pendant cette folemnité, l'affluence eft extraordinaire dans les temples, & les Talapoins prêchent depuis le matin jufqu'au coucher du foleil. Les pagodes font ornées de tout ce qu'il y a de plus précieux dans le palais : on brûle devant les idoles une quantité de cierges & de pastilles parfumées. Les autels sont parés de fleurs, & l'on fait dans les villes des processions nombreuses, où l'on porte avec pompe les effigies de *Sommonacodom*, & des autres dieux du pays. Il y a ici quelques Philosophes, c'est-à-dire, des esprits plus éclairés que le reste de la nation, qui, secouant les préjugés de l'éducation, n'encensent point les divinités ridicules que le peuple adore; ils regardent *Sommonacodom* comme un imposteur adroit qui a introduit à Siam un culte de son invention ; mais qui d'ailleurs a prêché une bonne morale, & leur a laissé d'excellentes loix ; ils admettent un premier être créateur du ciel & de la terre ; mais ils supposent qu'il n'a créé le monde & qu'il ne le conserve que pour son amusement ; qu'il s'inquiète peu des hommages qu'on lui rend, & qu'à ses yeux toutes les religions sont également bonnes, parce qu'elles tendent toutes au même but, qui est d'honorer l'être suprême.

On croit que *Chaou-Naraie* avoit embrassé cette opinion, moins dangereuse sans doute que l'idolâtrie, si l'on en juge par une de ses réponses qu'on a conservée. Les Jésuites le sollicitoient d'embrasser le Christianisme. Dès la première audience, le Chevalier de Chaumont

lui proposa au nom de son maître de changer de religion. Surpris de ces sollicitations, dans lesquelles on faisoit toujours intervenir le nom de Louis XIV, le Prince dit à l'Ambassadeur : « Je ne sais ce qui porte
» le Roi de France à s'intéresser si
» particulièrement à ma conver-
» sion. Cette affaire ne regarde que
» Dieu, & il paroît que cet Être
» suprême s'en embarrasse peu. En
» effet, pourquoi a-t-il permis l'é-
» tablissement de tous les différens
» cultes qu'on voit dans le monde ?
» Créateur & Maître absolu de tou-
» tes les créatures, auteur de toutes
» les pensées, & de tous les mouve-
» mens qui se passent dans nos ames,
» ne pouvoit-il pas inspirer aux

» hommes des sentimens unanimes
» sur la religion, & faire naître
» tous les peuples sous une même
» loi ? Puisqu'il ne l'a point fait,
» n'est-il pas naturel de penser qu'il
» tolère indifféremment tous les
» cultes, & qu'il prend même plai-
» sir aux hommages variés des hom-
» mes qui le louent chacun à leur
» manière » ?

Vous savez, Madame, que les Talapoins sont les Prêtres & les Moines de ce pays. Le peuple croit que leur institut vient du ciel, & qu'il fut apporté par un ange, qui le remit à *Sommonacodom*. Il y en a de sauvages & de domestiques ; les premiers vivent dans les bois, & n'ont aucun commerce avec les hommes, ce sont les plus estimés; les autres habitent dans les villes & dans les villages : le pays en est couvert. Ils sont divisés en quatre ordres qui forment ici une espèce d'hiérarchie. Le moindre de ces ordres est celui des *Nen*, dont l'état approche de celui de nos simples Clercs. Les Talapoins de l'ordre suivant s'appellent *Picou*. Les *Badlouang* forment une troisième classe. Les uns & les autres peuvent être comparés à nos Diacres & à nos Prêtres. L'ordre le plus considérable est celui des *Sancrat*, qui sont comme les Evêques du pays.

Les *Nen* n'ont point d'autre fonction que de servir les profès, qui ont chacun deux ou trois de ces petits moines dans leur cellule.

Quoique leur état ne soit pas censé entièrement religieux, ils portent l'habit de l'ordre, & se rasent la tête & les sourcils, comme les autres moines. On les reçoit dès l'âge de cinq ou six ans. Il y en a plusieurs qui vieillissent dans cette condition. La règle leur ordonne de vivre dans le célibat.

Tout *Badlouang* peut initier les *Nen*. Les *Sancrat* seuls ont droit d'ordonner les *Badlouang* & les *Picou*. Il faut avoir vingt ans pour recevoir ce dernier ordre, & vingt-un pour être admis dans l'autre. Dans la consécration du *Picou*, le *Sancrat* récite sur lui quelques prières; il l'exhorte ensuite à observer les préceptes sévères de *la loi écrite*, & à ne pas souffrir la moindre innovation en matière de culte.

La réception d'un *Badlouang* se fait avec beaucoup d'appareil. Celui qui postule cet ordre va trouver le *Sancrat*, se prosterne à ses pieds, lui témoigne un grand empressement d'être initié, & lui promet de l'argent. On prend jour pour la cérémonie. L'évêque récite sur le postulant les prières accoutumées, & lui donne une grande liste, où sont écrits tous les commandemens de la loi. Le récipiendaire est porté en triomphe sur les épaules de plusieurs hommes. Le peuple l'accompagne avec des instrumens de musique, & lui donne mille bénédictions. Quand on veut rendre la fête plus magnifique, le postulant est porté dans un balon doré, conduit par un grand nombre de rameurs, & suivi d'une longue file de balons très-propres. Le *Badlouang*, pour subvenir à ces frais, a coutume, quelques jours avant son ordination, de faire une quête dans la ville & dans les campagnes. Ses parens vont aussi quêter en sa faveur, & chacun s'empresse de lui donner.

Le Roi seul nomme les *Sancrat*. Il y en a peu, & cette dignité est très-briguée. Elle est annexée au gouvernement de certains monastères, fameux par leurs richesses & par l'étendue de leur jurisdiction. La supériorité du couvent du palais est la plus considérable. Celui qui la possède est le chef de tous les Talapoins du royaume, & comme le souverain Pontife de la nation. Les Supérieurs ordinaires des maisons religieuses s'appellent *Tchaou-Vat*, c'est-à-dire Seigneurs du couvent.

Les Talapoins, de quelque classe qu'ils soient, ne sont liés par aucun vœu & peuvent rentrer dans le monde lorsqu'ils sont dégoûtés du joug monastique. Tant qu'ils vivent dans le cloître, ils sont exempts des corvées & des impositions. Cet affranchissement produit ici tant de cénobites, que l'état en est surchargé. *Chaou-Naraie* voulant en diminuer le nombre, les foumit à des examens rigoureux fur les dogmes théologiques, & fur d'autres connoiffances propres à leur état. Ceux qui ne donnèrent pas des preuves fuffifantes de capacité, furent réduits à la condition féculière, & l'on réforma ainfi plufieurs milliers de moines. Cette méthode réuffiroit infailliblement dans beaucoup d'autres pays.

Les Talapoins, fous le prétexte de foutenir l'honneur de leur miniftère, s'attribuent une infinité de prérogatives; ils ne faluent perfonne, & ils exigent que tout le monde les falue, en fe profternant jufqu'à terre. On prétend qu'ils refufoient anciennement le falut aux

Rois, & que *Chaou-Naraie*, pour éviter cet affront, fut obligé de leur défendre de se trouver jamais sur son chemin. On n'excepta de cette loi que le grand *Sancrat*, qui a la permission de s'asseoir devant le Prince, prérogative d'autant plus distinguée, que les personnages les plus qualifiés du royaume, sans en excepter les héritiers présomptifs, sont obligés de se prosterner lorsqu'ils parlent au Roi. De quelque qualité que soit un séculier, les Prêtres ne lui donnent jamais le nom de *Chaou*, qui signifie *Seigneur*. Dans les rues ils ne cèdent le pas à personne, & dans les maisons ils prennent toujours les places d'honneur. Leurs couvens font des asyles inviolables, que les Rois même n'osent forcer. Injurier les Talapoins, les battre, faire le plus léger larcin dans leurs cellules, sont des crimes qu'on punit par le feu.

Le devoir des prêtres est d'expliquer à leurs paroissiens les préceptes de la loi, & la doctrine contenue en leurs livres. Ils prêchent deux fois par mois dans les tems ordinaires ; & tous les jours depuis six heures du matin jusqu'à midi, & depuis une heure après midi jusqu'à cinq, tant que durent les inondations du Ménan. Le prédicateur est assis, les jambes croisées, dans un fauteuil élevé, & plusieurs Talapoins se succèdent dans cet office.

Ils descendent rarement de chaire, sans recevoir des présens de leurs auditeurs. Si ces derniers sont contens, ils applaudissent à la doctrine qu'on leur prêche & à l'éloquence de l'orateur, en criant : *fort-bien, Monseigneur.* Le peuple est assis en face, sur ses talons, les mains jointes, & très-attentif au sermon. Un moine qui monte souvent en chaire, ne manque jamais de s'enrichir.

Si les Talapoins ont de grands priviléges, ils sont tenus à des pratiques bien gênantes. Je ne parle pas seulement de la chasteté, dont d'autres moines se dispensent plus facilement parce qu'on ne brûle pas, comme ici, ceux qui la violent. Les Talapoins sont assujettis à une infinité de devoirs. Je vous en ai cité quelques-uns de très-minutieux ; mais en voici de plus importans, & qui doivent donner une très-haute idée de la vertu & de l'austérité de ces religieux, s'ils les observent fidèlement. Ils doivent fuir les jeux, les danses, les spectacles & les assemblées de plaisir ; n'avoir sur eux ni or, ni argent ; ne parler que de choses qui regardent la religion ; ne travailler que pour elle ; n'avoir sur eux aucune odeur ; ne se permettre aucune chanson mondaine ; ne jouer d'aucun instrument ; ne regarder aucune femme, ni leur parler dans un lieu secret, ni s'asseoir sur une même natte avec elles, ni les embrasser. C'est même un péché de songer en dormant que l'on voit une femme, & de s'éveiller dans l'agitation de son rêve. C'en est un de trop dormir, de ne pas se lever tout-d'un-coup, de se tourner auparavant d'un côté & d'autre dans son lit. C'en est un sur-tout de juger son prochain, de le regarder avec mépris, de le railler, de se glorifier, de prier pour être vu, de travailler pour de l'argent, d'avoir plus d'un habit, de se mêler des affaires d'état, d'intrigues de cour, de mettre des ornemens à sa tête, de porter des souliers, de manger dans l'or ou dans l'argent, de s'asseoir sur de riches tapis, de se nétoyer les dents devant le monde, & en voyant de jeunes filles affifes, de touffer, de faire du bruit pour leur faire tourner la tête. Enfin un moine pèche, quand il menace quelqu'un de la prifon, ou qu'il dit en colère qu'il fe plaindra au Roi ou au Miniftre; quand en allant faire l'office chez un mort, il ne réfléchit pas fur la néceffité de mourir.

Tous les ans les Talapoins font une retraite de trois femaines, pendant laquelle ils redoublent leurs auftérités. Ils ne mangent alors qu'une fois le jour, & ce repas fe fait à midi. Pour être plus recueillis, ils fe retirent dans les bois où ils fe fabriquent de petites huttes.

Le peuple regarde comme un miracle, qu'ils ne soient pas dévorés par les bêtes féroces. Il est même persuadé que les tigres, les éléphans, les rhinocéros, loin de les attaquer ou de leur nuire, leur lèchent les pieds & les mains lorsqu'ils les trouvent endormis. Dans les tems ordinaires, la vie de ces religieux est fort réglée; ils sortent de leur lit avant le jour, & dès qu'il fait assez clair pour discerner les veines des mains; il leur est défendu de se lever plutôt, parce qu'ils pourroient tuer dans l'obscurité quelqu'insecte qui se trouveroit sous leurs pieds, & manquer par-là à un des articles essentiels de leur règle. Ainsi, quoique la cloche les éveille avant le jour, ils ne s'en lèvent pas plus matin, & ils ont encore ce trait de reſſemblance avec pluſieurs de nos religieux.

Leur premier exercice eſt d'aller paſſer deux heures au temple. Ils y font l'office aſſis ſur des nattes, les jambes croiſées, chantant à deux chœurs d'un ton qui imite notre pſalmodie. Cet office eſt un abrégé de la vie de leur fondateur, mêlé de quelques actes d'adoration. Quand il eſt fini, ils s'occupent à balayer le temple, à orner les autels, & à d'autres exercices de cette nature. Ils ſe repandent enſuite pendant l'eſpace d'une heure, dans la ville, pour y demander l'aumône. Ils ſe préſentent à toutes les portes sans dire un seul mot, recevant ce qu'on leur donne, & se retirant modestement lorsqu'on les refuse : ce qui arrive rarement. Ils ne sortent jamais du monastère, même pour la quête, sans la permission du supérieur ; ils la lui demandent en se prosternant devant lui ; & prenant avec leurs mains un de ses pieds, ils le mettent humblement sur leur tête. Au retour de la quête, ils ont la liberté de déjeûner. Ils étudient ensuite, ou s'occupent suivant leurs goûts & leurs talens. A midi ils mangent un peu de riz, & passent une partie de la soirée, ou à dormir, ou à instruire les jeunes novices qu'ils ont sous leur direction. Vers la fin

fin du jour, ils retournent au temple, chantent comme le matin; & s'ils mangent le soir, ce n'eſt que du fruit. Enfin la journée d'un Talapoin qui vit conformément à ſon état, ſe paſſe dans la méditation, dans la retraite, dans l'étude des livres ſacrés, dans la pratique de pluſieurs auſtérités, dans le repentir ſincère de ſes fautes, que chacun doit déclarer à ſon ſupérieur.

Dans ce tableau, Madame, vous reconnoiſſez l'eſprit, & vous croyez preſque lire l'hiſtoire de tous nos ordres monaſtiques. Mais pour achever la comparaiſon, j'ajouterai qu'ici, comme en Europe, quoique la journée paroiſſe remplie par cette variété d'exercices que la règle prescrit, les moines ne laissent pas de trouver le tems de se promener dans la ville, où l'on ne traverse point de rue que l'on ne rencontre quelques Talapoins. Leurs vêtemens sont composés de trois pièces ; l'une leur enveloppe le bras gauche, & leur couvre la moitié du corps jusqu'aux reins ; le bras droit reste nud, ainsi que les pieds & la tête. L'autre pièce descend depuis la ceinture jusqu'au gras de la jambe. La troisième est une bande d'étoffe assez large, qu'ils plient en plusieurs doubles autour d'eux. Pour se garantir du soleil, ils ont à la main une espèce d'écran appelé *Talapat*, d'où l'on prétend que leur est venu le nom de *Talapoin*.

Il y a auſſi des Talapoines à Siam, mais beaucoup moins que de religieuſes dans nos pays catholiques. Il eſt vrai qu'elles doivent être plus âgées que les nôtres, quand elles prennent l'habit de l'ordre. Auſſi n'ont-elles point d'autres habitations que celles des Talapoins. Comme elles ont au moins cinquante ans lorſqu'elles prennent le parti de renoncer au monde, on regarde cet âge comme une caution ſuffiſante pour leur chaſteté. S'il arrive néanmoins qu'elles s'en écartent, ſoit par un reſte de penchant à la volupté, ſoit pour céder aux inſtances de quelque jeune Talapoin, on ne les brûle pas pour cela; on ſe contente de les renvoyer à leurs parens, qui leur font donner la baftonnade. Tous les couvens n'ont pas des Talapoines; mais dans ceux qui en reçoivent, les cellules des femmes ne font féparées de celles des hommes que par une légère clôture de bambou. Elles fuivent la même règle que les moines, autant que la différence du fexe peut le permettre. Leur principal emploi eft d'affifter à l'office du matin & du foir, d'apprêter le repas des religieux, de vifiter les pauvres & les malades, de prier pour les péchés du peuple, & pour elles-mêmes.

Ce qui vous paroîtra fingulier, Madame, de la part d'un peuple fi refpectueux envers les Talapoins, c'est sa façon de penser à leur égard au sujet des mariages. On les fuit alors, & on prendroit à mauvais augure qu'ils y fussent présens. La religion n'entre pour rien dans ces cérémonies ; & la médiation des prêtres, si ardens ailleurs à se mêler de pareilles affaires, seroit ici ou une cause de refus, ou une raison de divorce. Il y a bien aussi quelques personnes en France, qui pensent là-dessus comme les Siamois.

Les jeunes personnes de ce pays arrivent de si bonne heure à la puberté, qu'à onze ou douze ans on pense déjà à les établir. Lorsqu'un jeune homme recherche une demoiselle, ses parens la font demander par des personnes âgées, & de bonne réputation. Si la proposition est agréée, les parens de la future se font donner l'heure de la naissance de l'amant, & envoient celle de leur fille. On consulte de part & d'autre les devins, pour savoir si le mariage sera heureux. Quand il est arrêté, le jeune homme fait trois visites à sa prétendue, & lui donne du bétel, des fruits & d'autres petits présens. Les parens des deux familles assistent à la troisieme visite. On compte en leur présence la dot de la mariée & le bien de l'époux, afin qu'en cas de divorce chacun puisse reprendre ce qu'il a mis dans la société. Le tout est remis au mari, en présence de plusieurs témoins, mais on ne dresse point d'acte.

La noce fe célèbre chez les parens de la fille ; on conftruit exprès une falle où l'on fert un grand repas. Les perfonnes invitées s'y rendent, accompagnées de leurs efclaves, & vêtues très-proprement. Si c'eft un mariage important, on appelle des danfeurs & d'autres hiftrions. Mais il n'eft pas d'ufage de voir danfer l'époux, la mariée, ni aucune perfonne de confidération. Quand on eft forti de table, on promène les mariés en balons, ou fur des brancards portés par les jeunes gens de la noce. Au retour de la promenade, on fe raffemble dans la même falle ; on foupe, on s'amufe à plufieurs divertiffemens, & ces réjouiffances durent jufqu'à minuit. On conduit alors les époux dans une autre salle, & on les laisse seuls.

La plus grande dot à Siam ne passe jamais quinze mille livres. Le bien du mari est ordinairement égal à celui de la femme. Ainsi les plus hautes fortunes ne sont que de dix mille écus ; ce qui prouve la pauvreté de ce pays.

Il est permis aux Siamois d'avoir plusieurs femmes. Elles ne jouissent pas toutes du même rang. Il n'y en a qu'une qui ait la qualité d'épouse. On l'appelle *la grande femme*. Les autres ne sont que des concubines, que l'on achète, & qui n'apportant point de dot, sont traitées en esclaves. On les épouse sans cérémonie ; & leurs enfans, bien loin dé partager la succession du père, peuvent être vendus par les héritiers. Ces concubines, appellées *petites femmes*, sont aussi vendues après la mort de leur mari. Les enfans de la grande femme ont seuls part à l'héritage du père & de la mère, qu'ils recueillent par portions égales, mais seulement après la mort de l'un & de l'autre; car celui des deux qui survit a la jouissance de tous les biens. Ces héritages consistent principalement en biens meubles, qui passent ici pour les plus solides effets, parce qu'il est aisé d'en dérober la connoissance au Prince, dont le pouvoir s'étend sur toutes les fortunes. C'est pourquoi les Siamois n'ont presque point de terres, dans la crainte de s'en voir dépouillés. La plupart mettent leurs biens en diamans, parce que les bijoux se cachent plus facilement. Plusieurs pères lèguent au Roi une partie de leur fortune, pour assurer à leurs enfans la jouissance du reste. Triste hommage rendu par la crainte, & qui prouve combien le despotisme rend ici les fortunes flottantes.

Les épouses légitimes ne changent point de nom en se mariant; elles conservent celui de leur famille. En général la paix, l'union & la fidélité règnent dans les mariages. Les divorces sont rares, sur-tout parmi les personnes d'un rang distingué. Dans la rigueur, la séparation ne dépend que du mari, mais il a coutume d'y consentir, quand la femme l'exige. Il lui rend sa dot, & partage avec elle les enfans, s'ils sont en nombre pair; s'il n'y en a qu'un, il est à la charge de la mère. Les Siamoises sont très-fécondes, & il n'est pas rare qu'elles accouchent de deux enfans à la fois. Mais comme elles sont plutôt nubiles que nos Européennes, elles cessent aussi plutôt d'être mères.

Les pères ont un pouvoir absolu sur leurs enfans, de quelque femme qu'ils soient nés. Ils peuvent les vendre, les déshériter, les réduire à l'esclavage, mais non les faire mourir.

Il est rare que les Siamoises

soient infidèles à leur mari, & plus rare encore qu'elles disposent de leur main au préjudice de l'autorité paternelle. Elles ne sont point insensibles à l'amour des Européens; mais elles ne s'y livrent pas avec la même facilité que les autres Indiennes. Les Péguanes établies à Siam, sont plus coquettes. Elles aiment passionnément les étrangers, & le premier qui se présente est traité en mari. Elles s'honorent de la connoissance d'un homme blanc, & si elles deviennent grosses, la considération augmente.

Les mariages sont défendus au premier degré de parenté; mais il est permis d'épouser sa cousine germaine. On peut aussi se marier avec

les

les deux sœurs, pourvu qu'elles ne soient pas de la même mère.

Les Rois, qui ont ici le malheur d'être indépendans de toutes les règles, se mettent quelquefois au-dessus de ces usages. *Chaou-Naraie* avoit épousé sa sœur. De ce mariage naquit une fille unique, qu'il avoit dessein de marier avec un de ses fils naturels, & qu'il épousa, dit-on, lui-même. Les Européens, instruits de ce commerce scandaleux, & témoins des égards extraordinaires qu'on avoit pour cette Princesse, ne lui donnoient point d'autre nom que celui de Princesse-Reine.

Fin du sixième Volume des Voyages.

TABLE

Pour les Tomes cinquième & sixième des Voyages.

TOME V.

Continuation de LA CHINE.

LETTRE XXVI. *Grande muraille, & description de Nankin,* page 1

LETTRE XXVII. *Religions reçues,* 16

LETTRE XXVIII. *Religions tolérées,* 53

LETTRE XXIX. *Education,* 72

LETTRE XXX. *Morale, théâtre, musique & médecine,* 94

LETTRE XXXI. *Astronomie,* 128

LETTRE XXXII. *Histoire naturelle,* 150

LETTRE XXXIII. *Caractère & mœurs,* 198

LETTRE XXXIV. *Physionomie, habits, modes & ameublemens,* 230

TABLE. 255

LETTRE XXXV. *Usages & fêtes,* 246

LETTRE XXXVI. *Mariages & funérailles,* 282

TOME VI.

LE TONQUIN.

LETTRE XXXVII. *Description de Cacho,* 1
LETTRE XXXVIII. *Voyage dans les Provinces,* 9
LETTRE XXXIX. *Révolutions, gouvernement,* 21
LETTRE XL. *Commerce, sciences, arts,* 43
LETTRE XLI. *Physionomie & coutumes,* 52
LETTRE XLII. *Religions,* 73

LA COCHINCHINE.

LETTRE XLIII. *Histoire naturelle,* 86
LETTRE XLIV. *Gouvernemens, religions, mœurs, usages,* 92

CAMBOYE.

Lettre XLV. *Description abrégée*, page 99

MALACA.

Lettre XLVI. *Description abrégée*, 107

PATANE.

Lettre XLVII. *Description abrégée*, 111

SIAM.

Lettre XLVIII. *Révolutions, Ambassade des François, description de Bankok & de Siam*, 114
Lettre XLIX. *Cour de Louvo, obsèques d'une Princesse*, 149
Lettre L. *Gouvernement*, 180
Lettre LI. *Religions, mariages*, 206

Fin de la Table.

www.ingramcontent.com/pod-product-compliance
Lightning Source LLC
Chambersburg PA
CBHW070624170426
43200CB00010B/1907